杨建邺 著

爱因斯坦传
万物相对，而我独行

中国·武汉

图书在版编目（CIP）数据

万物相对，而我独行：爱因斯坦传/杨建邺著. —武汉：华中科技大学出版社，2021.1（2024.2重印）

ISBN 978-7-5680-3604-7

Ⅰ.①万… Ⅱ.①杨… Ⅲ.①爱因斯坦（Einstein，Albert 1879-1955）—传记 Ⅳ.①K837.126.11

中国版本图书馆CIP数据核字（2020）第242869号

万物相对，而我独行：爱因斯坦传　　　　　　　　　　　　　　　　杨建邺　著
Wanwu Xiangdui，er Wo Duxing：Aiyinsitan Zhuan

策划编辑：曹　程　肖诗言
责任编辑：肖诗言
封面设计：璞茜设计
责任校对：曾　婷
责任监印：朱　玢

出版发行：华中科技大学出版社（中国·武汉）　　电话：(027) 81321913
　　　　　武汉市东湖新技术开发区华工科技园　　邮编：430223

录　　排：华中科技大学出版社美编室
印　　刷：湖北新华印务有限公司
开　　本：710mm×1000mm　1/16
印　　张：17.25
字　　数：250千字
版　　次：2024年2月第1版第2次印刷
定　　价：42.00元

本书若有印装质量问题，请向出版社营销中心调换
全国免费服务热线：400-6679-118　竭诚为您服务
版权所有　侵权必究

Contents

目录

1/儿童和少年时期　　·001·
2/阿尔高州立学校　　·016·
3/苏黎世联邦理工大学　　·032·
4/失业　　·047·
5/伯尔尼专利局　　·058·
6/1905年——奇迹的一年　　·072·
7/苏黎世大学副教授和引力问题初探　　·085·
8/布拉格的教授　　·102·
9/回到苏黎世　　·117·
10/德国科学院院士　　·127·

11 / 第一次世界大战 · 143 ·
12 / 广义相对论被证实，爱因斯坦成为世界名人 · 159 ·
13 / 受到攻击 · 169 ·
14 / 获得诺贝尔物理学奖 · 180 ·
15 / 与玻尔的友谊和争论 · 191 ·
16 / 辞去院士，离开德国 · 205 ·
17 / 普林斯顿和一个悲剧 · 219 ·
18 / 爱因斯坦与原子弹 · 235 ·
19 / 不懈的斗士 · 249 ·
20 / 生命的终结 · 258 ·

1/儿童和少年时期

▶ ▶ ▶ ----------------------

爱因斯坦于1879年3月14日上午11点半诞生,被取名为阿尔伯特。他的父亲赫尔曼经营床用鹅毛的生意。一家子属于犹太人中的小康之家,生活无忧无虑,但也没有很多的钱。在爱因斯坦出生前大约10年,赫尔曼离开故土布骚,迁到了乌尔姆。赫尔曼曾经在符腾堡州的省会斯图加特念职业高中,按他的聪明和智慧(据说他有卓越的数学才能),他应该在大学进一步深造,但是由于经济条件的限制,他没有机会上大学,而比他小三岁的弟弟雅可布总算幸

爱因斯坦的父亲赫尔曼

运地在斯图加特一所工学院接受完高等教育,后来成为一名工程师,并且对阿尔伯特·爱因斯坦的成长起到重要的作用。

虽说赫尔曼没有机会受完高等教育,但在当时,高中程度的教育已经可以保证他有足够的知识资本进入上层社会;而且,他的聪慧和好学也使得小爱因斯坦在上小学之前就获得了好的家庭教育和知识的熏陶。

爱因斯坦的母亲保莉妮

爱因斯坦诞生的公寓

爱因斯坦的母亲保莉妮是一位安静、谦和、贤淑的妇女，由于良好的教育，她还具有艺术家的气质和很高的幽默感。在忙完了家务之后，她最热衷的事就是弹钢琴，德国古典音乐尤其是贝多芬的钢琴奏鸣曲，给她带来精神上至高的享受。每当朋友、同事到他们家来拜访时，她也总是愿意为大家弹奏她喜欢的曲子。

1876年，赫尔曼和保莉妮在乌尔姆结婚后，先是住在乌尔姆老城的明斯特广场，1879年初当保莉妮怀孕半年时，他们搬到了火车站街20号的一幢四层楼的公寓里。从照片上可以看出，这栋公寓楼是相当现代化和舒适的。在第二次世界大战期间，这栋公寓在1944年被炸毁，成为废墟。爱因斯坦就诞生在这栋公寓里。

当祖母抱起这个家庭的新成员时，她最先的反应就是大声说："太重了！太重了！"爱因斯坦一生下来，后脑就异常大，而且还有突出的棱角，让人看了觉得惊讶。想必这些让人惊讶的反应，让刚做母亲的保莉妮有点担心；而后来爱因斯坦比一般孩子晚很久才会讲话，更让母亲有一份隐隐的忧虑，惟恐孩子将来智力迟钝。幸好这种忧虑在他三岁以后就被证明是没有根据的。到晚年，爱因斯坦还对别人说：

因为我很迟才学会说话,我的双亲的确为此一度十分担心,甚至还找医生咨询过。那时我有多大我也不记得,至少有3岁了吧。

爱因斯坦说话比较晚,据爱因斯坦本人晚年回忆,是由于他在2岁到3岁刚学着讲话时,他就有了要说就说一整句话的雄心。由此,他常常是先轻声自语地说出一整句话,直到确信说得不错时他才大声说出来,但在别人看来他似乎嗫嗫嚅嚅说不出话来一样。一直到8岁或9岁时,他才彻底改了这个习惯。她的妹妹玛雅说,她的哥哥从小就有一种追求完美的习惯,而且不达目的不肯罢休,这也许使得他的语言表达方式与其他孩子不大相同。

爱因斯坦从小就习惯孤独,喜欢一个人独自玩耍,尤其喜欢沉浸到各种各样的"谜"中,几乎从来不加入其他孩子的游戏。因此,他幼年时的女教师觉得很难帮助他,甚至给小爱因斯坦取了个外号"烦人精"。他一个人玩的时候,很有耐心,常常能用积木搭出令人惊讶的高楼。

在7岁以前,看着性格安静的小爱因斯坦有时也会因为不合心意而大发脾气,脸色气得苍白,那副不能控制自己的模样也着实让人觉得可怕。他曾经向

已知爱因斯坦最早的照片

他的女教师扔椅子,把她吓得再也不愿意教他;他还多次向他妹妹头上扔东西,有一次甚至把玩具九柱戏的木柱子扔到她的头上,还打了一个小伤口。据说,这种毛病是从外祖父尤利乌斯那儿继承来的。幸亏这种可怕的性格没有延续下去,到他7岁上小学以后,这种毛病就彻底地被改掉了,或者说消失了。

如果我们想从幼年爱因斯坦身上看到某些使他今后成为科学巨匠的因素的话，有两点也许是有价值的。

一是爱因斯坦从小就喜欢根据自己的爱好来自学，他最厌恶的就是被强迫去学习。他从来就不愿意像机械人一样任人驱使、驾驭。他曾就他学习小提琴的事说过下面一段话：

> 我从6岁起一直到14岁都在学拉小提琴，但那时候，那些认为音乐只不过是机械练习的教师，没办法引起我的兴趣。到了13岁那一年，当我爱上了莫扎特的奏鸣曲之后，我才算是真正开始学习音乐。……我相信，总的说来，爱好比起责任感来是更好的教师——至少对我来说是这样的。

以后他上小学、中学和大学时，我们还会一再看到爱因斯坦的这一明显的特征。他喜欢的课程，他可以独自去学习和钻研它，以至于大大超过学校的要求；如果是那种让他厌恶的靠背诵才能取得好成绩的课程，他就会心不在焉地应付一下，因而也不会得到好成绩。这就难怪他的希腊语教师曾经对他说："你以后绝不会有什么成就。"到了大学，由于比较自由随意，他很少去上课了：喜欢的课，他的水平大大超过老师讲授的内容，用不着去听；不喜欢的课，只要可能就根本不去听。

由于这种学习态度，爱因斯坦从小就养成了很好的自学的习惯。他曾经说："在数学与物理学方面，我通过自学，所掌握的已经远远超过学校的全部课程。"

二是他有不同一般的好奇心。热衷于自学的孩子必然喜欢独自思考，而喜欢独自思考的孩子必然会比一般孩子发现更多的"奇迹"，并为此震惊不已。在他5岁的时候，他被父亲给他的一个指南针迷住了：指南针不受任何人的指挥，就能够自动地指南指北。这的确让小小的爱因斯坦大为吃惊，几天都一个人沉浸在惊讶之中！

爱因斯坦终生都保持着对大自然的好奇心，而他本人也认为，正是好奇心始终扰动着他，使他无法宁静或心安理得地满足自己已经取得的成绩；这种好奇心，也是爱因斯坦提出伟大发现的根本原因。

1880年6月21日，即爱因斯坦出生后一年零三个月的时候，他们全家搬到慕尼黑。慕尼黑是德国南部重镇，19世纪是它蓬勃发展的黄金时代，这一时期的慕尼黑，人口由5万剧增到50万；除此而外，慕尼黑还是欧洲的艺术和文化中心，素有"博览会之城"的美誉。他的父亲把家安在慕尼黑城郊，这是一座带有一个大花园的房子，四周是古木参天的德国森林。半乡村的环境，加上慕尼黑是当时的政治和文化中心，这一切对于爱因斯坦的成长和心理发展过程，都有着重要的意义。他的叔叔雅可布有很长一段时间与他们住在一起，而雅可布对于科学的喜爱远胜过赫尔曼，因此小爱因斯坦有机会从叔叔那儿受到最初的科学启蒙。

1881年初夏，外祖母来慕尼黑看望两岁的小外孙。外祖母非常喜爱她的外孙，在还没有见到小外孙时，她在信中写道："小阿尔伯特真是可爱，一想到我将有一段时间见不到他时，真是难受极了。"

等到离开了赫尔曼家，外祖母又迫不及待地给在慕尼黑的女儿和女婿写信："我们大家都惦记着小阿尔伯特，他是那样可爱，我们老是谈到他那些古怪离奇的想法。"

可惜外祖母没有谈到她的小外孙有些什么"古怪离奇的想法"。

这年的11月8日，小阿尔伯特有了一个妹妹，她的名字叫玛利娅（通常被称为玛雅）。玛雅与她的哥哥的相貌、性格都很像，爱因斯坦终生都非常喜爱他的妹妹。

5岁的爱因斯坦和他的妹妹玛雅

赫尔曼这时不仅有了儿子和女儿，他的事业也蓬勃兴旺，势头很好。1885年，他和雅可布共同投资办了一家电气公司，又搬到位于阿德赖特街的条件更好的新家。新家有一个浓荫蔽天的花园，这让爱因斯坦和玛雅雀跃不已。

由于父亲事业的蓬勃发展，爱因斯坦和他的妹妹在早期能够生活在富裕、安定、幸福和富有朝气的生活环境中，这对于兄妹两人的健康成长显然十分有利。但到了1893年以后，赫尔曼家道中落，使爱因斯坦在青年时期饱受贫穷、失业之苦。不过这是后话了。

1884年10月1日，爱因斯坦进入花木街的彼得学校上二年级。在班上的70名同学中，他是唯一的一个犹太人。在小学里，爱因斯坦与同学的交往仍然不多，但这基本上是他的性格使然，而不是老师和同学对于他有什么歧视。应该说，在对待犹太人方面，当时的慕尼黑学校基本上是很平等的，很少有人去特别注意到班上有一个犹太同学。大家都觉得爱因斯坦是个听话的、表现不错的学生，老师问什么问题，他多半能够正确回答，只不过他喜欢思考一下再回答，而不习惯或不能反应极快地回答，再加上他常常会不小心而把结果算错（这种毛病在他日后做科学研究时也不时发生），因此教他数学的那位严格的、喜欢打学生手心的老师，并没有认为这个学生有什么特殊的数学天资。在家里，爱因斯坦也总是按照大人的规定，做完作业以后才进行自己喜欢的游戏或活动，很少违犯。由于他待人公正、宽容，所以同学们如果有什么不能解决的问题，就总是找他来评理，大家都相信他。为此，同学们还给他取了一个绰号：诚实的约翰。他喜欢的游戏仍然是一个人用积木建造楼房的智力游戏，不过现在他可以耐心、顽强地把楼房建造到14层那么高了。这种从小就显现出来的坚韧不拔和不屈不挠的性格，此后伴随他终生。她的妹妹玛雅曾经说：

> 十分明显，坚韧不拔和不屈不挠是他性格的一部分，日后还得到了发展。正是这种性格，后来明显地表现在他的科学工

1889年爱因斯坦（前排右3）所在班级的全班合影

作中。许多人一生中也有过许多绝妙的念头、别出心裁的想法，而他们依然是一事无成。只有靠顽强的毅力，不清除一切不明白的地方决不休止，不克服一切困难决不罢休，一个想法才能够成为真正的天才思想。

学校的生活，也有让爱因斯坦非常尴尬的时候。有一天，宗教课老师突然带着一只长钉子来到课堂，他用颇带情感的声调告诉他的学生们，说"我们的主"就是被犹太人用这种长钉钉死在十字架上。老师也许没有想到学生中有一个犹太学生，这位犹太学生在听这种讲课时会多么难堪。虽然一般都认为，爱因斯坦在德国慕尼黑求学时并没有遭受什么严重的种族歧视，但是在爱因斯坦写于1920年的一份草稿中，人们却发现他这样写道："在小学生中，反犹思想颇为盛行。从学校回家时，经常会受到攻击和侮辱，虽然大部分并不太恶毒，但已足够使一个小孩子产生根深蒂固的局外人的鲜明感受。"

慕尼黑卢伊特波尔德高级文科中学

    1888年夏季，他学完小学课程，接着考上了距小学不远处的卢伊特波尔德高级文科中学，那时他9岁半。这所高级文科中学在慕尼黑很有名气，许多富裕家庭都希望自己的孩子能上这所中学。从一张已不算很清晰的照片上看，爱因斯坦的那个班有50人之多。不像大多数同学那样严肃刻板，爱因斯坦显得满面春风。

    在中学里，爱因斯坦各科成绩都不错。爱因斯坦的拉丁语成绩至少是2分（1是最高分，4是最低分），六年级时拉丁语成绩是1分；他的希腊语成绩最后评定的是2分。以前有不少传言说爱因斯坦成绩很差，这是误传。不过据他妹妹玛雅说，他不怎么喜欢希腊语，有时他只考到3分，平常希腊语作业也不怎么认真，因此有时让希腊语老师大为光火。教过他希腊语的老师德根哈特曾气愤地说:"你以后绝不会有什么成就。"老师对自行其是的学生发一次火,那总是免不了的,根本不值得大惊小怪,如果根据这点小事说爱因斯坦在中学读书时成绩很糟,那更是误解事实。除了拉丁语成绩后来多是 1 分以外,他的数学成绩在 5 年级之后也总是 1 分。成绩虽然不错,但从爱因斯坦后来多次的回忆中可知,他一直不喜欢德国的学校,他认为德国的学校有些像军营,过分强调服从权威,不准学生发表反对意见。他认为这是对人性的否定,并认为这种氛围大大伤害了学生的感情。他甚至把中学的老师称为"尉官",把小学的老师称为"军士长"。当他后来到瑞士的阿劳读书时,他这样称赞瑞士的学校:

> 瑞士的学校充满着自由的气氛,老师从不用外界权威作幌子压人,他们的思想朴素而认真。这一切使这所学校给我留下了深刻的印象。

在高级文科中学,学生从 5 年级开始学习数学,但是爱因斯坦在一年前就已经从叔叔雅可布那儿得到一本平面几何学的书,而且怀着惊讶而热切的心情学习了它。他感受到一种心灵深处的震颤。书里面的美对他有深深的吸引力,这一吸引力伴他终生。在《自述》中,他清楚无误地记下了这被称为他人生中经历的"第二次惊奇"。他写道:

> 在 12 岁时,我经历了另一种性质完全不同的惊奇:这是在一个学年开始时,当我得到一本关于欧几里得平面几何的小书时所经历的。这本书里有许多断言,比如,三角形的三个高交于一点,它们本身虽然并不是显而易见的,但是可以很可靠地加以证明,以致任何怀疑似乎都是不可能的。这种明晰性和可靠性给我造成了一种难以形容的印象。

他还把叔叔给他的平面几何学教科书称为"神圣的几何学小书"。有了这本神圣的小书,他就忘却了游戏,忘记了同伴,开始研究这些让他心灵震颤的定理。他不满足于从书上得知的证明,他热切地希望自己能够证明它们。有一次他向雅可布叔叔表示他想用另一种方法来证明毕达哥拉斯定理,他叔叔听了,不大相信他能够做到这一点,但是后来的事情却让叔叔也吃了一惊,因为年仅12岁的侄子"经过艰巨的努力以后,……根据三角形的相似性成功地'证明了'这条定理",这不由使这个当叔叔的对侄儿另眼相看了。

有趣的是,很多科学大师在早年都有过与爱因斯坦相似的经历和体验,在几何学面前顶礼膜拜。例如英国伟大的哲学家罗素(1950年获诺贝尔文学奖)就有过一段与爱因斯坦经历惊人相似的自述:"我在10岁的时候,开始学欧几里得,这是我一生中的一件大事,其又惊又喜之情有如初尝恋爱的滋味。我不曾想象到世界上有任何东西比这更有趣。"

爱因斯坦青少年时期的课外老师塔穆德

对于小阿尔伯特来说,十分幸运的是,从10到15岁,一位每周安息日到他家吃午饭的犹太人塔穆德给予了他很大的帮助,对他今后的顺利成长起了不可低估的作用。塔穆德是一位波兰籍的医科大学的学生,由于他十分贫困,犹太会堂在与赫尔曼商榷之后,让塔穆德每周在他家吃一顿免费午餐。犹太民族是一个十分重视教育、互助互爱的民族,这个占世界人口比例仅0.3%的民族为世界贡献了斯宾诺莎、马克思、弗洛伊德、柏格森、胡塞尔、维特根斯坦、马尔库塞等众多伟大的思想家,还有约20%的诺贝尔奖获得者,这实在是人类众多奇迹中一个重要的奇迹。其中原因不是在这儿能说得清楚的,但其中有很重要的一个原因是犹太民族的每一个成员,都有帮

1893年的爱因斯坦

助困难学生的义务；更令人感动的是，犹太人对这一项义务都身体力行，绝不推诿。后来赫尔曼破产，爱因斯坦上大学全靠一个远房亲戚的资助。

塔穆德见小阿尔伯特十分聪明，而且好学，他就借给小阿尔伯特一些写得不错的通俗科学读物。这些读物有比希纳的《物质与力》，洪堡的《宇宙》，以及伯恩斯坦20卷的《自然科学通俗丛书》。塔穆德在1932年写的回忆中说，当他认识爱因斯坦时，爱因斯坦已经"表现出特别喜爱物理学的倾向，并且以谈论物理现象为乐"。塔穆德很喜欢比他小11岁的爱因斯坦，而且能以彼此平等的朋友地位，回答他提出的一切问题。这种平等的交谈极富有启发性、探索性，让爱因斯坦感到非常振奋。与学校老师那种学究式地只重视知识灌输相比较,这位医科大学学生对爱因斯坦的影响,比学校老师更为重要。而且,这种富有启发性的交谈正发生在爱因斯坦开始发育之际,这种作用就更加不可忽视了。在塔穆德的影响下,爱因斯坦的科学兴趣更广泛了,他不再只盯住数学,而且开始关注和思考自然科学的一些基本问题和某些社会科学问题。

塔穆德作为一个医科大学学生,数学和物理学水平也许并不很高,所以很快就被爱因斯坦赶上了,以致塔穆德发现他再没有能力来进一步引导爱因斯坦了。"短短几个月的时间里,他就学完了《平面几何学》,然后开始自学《微积分》……如果没有记错的话,这本书也是我推荐给他的。他的数学天赋使他的数学提高得很快,不久我就赶不上他了。"

到爱因斯坦 13 岁时,塔穆德推荐他看康德的《纯粹理性批判》。开始,塔穆德还担心这本一般人很难看懂的书,13 岁的爱因斯坦未必会感兴趣。可是奇怪的是,爱因斯坦根本没感觉到康德的书难于理解。

正当爱因斯坦在智力、思想上走向成熟之时,家庭经济上的巨大变化无情地改变了这一进程,这一改变当然会对爱因斯坦的未来以及性格产生重大影响。

由于经营上出现了问题,父亲和叔叔合营的公司,于 1893 年 7 月关闭。父亲随后到意大利北部城市帕维亚建立了一个新的工厂。

在慕尼黑舒适的生活结束了。1894 年夏季,他们全家怀着痛苦的心情离开了德国,迁到意大利,起初住在意大利第二大城市和欧洲"歌剧圣地"米兰,后来在意大利美丽的古城帕维亚的福斯科洛路 11 号住了一年多时间,最后又回到米兰。妹妹玛雅随父母一起去了意大利,而爱因斯坦因为要完成学业,只得暂时一人留在慕尼黑,由一家远房亲戚照料他。

按原来的计划,爱因斯坦要一个人在慕尼黑待 3 年。可是,大大出乎父母的意料,仅仅过了半年的时间,爱因斯坦于 1894 年 12 月 29 日擅自做主,办了退学手续,然后迫不及待地回到米兰的家中,让父母大吃一惊，父母为儿子的自作主张感到不满又忧心。

爱因斯坦为什么如此胆大而迫不及待地逃离卢伊特波尔德高级文科中学呢？原因有三。

一是爱因斯坦生性孤独，不善于与同学交往，学校又让他厌恶，原来可以在家庭找到的温暖和温情，现在都被妈妈和玛雅带走了，他失去了心灵唯一可以寄托的地方，而且他将一个人在冰冷冷的德国中学待上3年！只要一想到这可怕的3年时间，爱因斯坦就会不寒而栗，噩梦不断。

第二个原因也许是更重要的原因：他极为厌恶德国的中学教育。他后来在一封信中谈到当时的心情："当然，我自己也想离开学校跟着父母到意大利，但主要理由不是别的，而是那种枯燥的、机械的教学。"还说："德国当时那种过分强调的军人精神与我是格格不入的，虽然那时我还是个孩子。在父亲迁往意大利之前，就由于我的请求，解除了我的德国国籍，因为我希望成为瑞士公民。"

这段话还谈到了爱因斯坦想离开德国的第三个原因：解除德国国籍。爱因斯坦在离开德国时，已经满15岁进16岁了，按德国的规定，他在满20周岁时将到部队服役，拒不服兵役的人将以"逃兵"论处，遭受可怕的惩罚；但如果在16周岁以前离开了德国，就可以不回德国服兵役。爱因斯坦平生最厌恶和害怕的就是在军队过那种绝对服从军官的"可怜的"生活，所以一想到要不了太久的时间，他必须穿上士兵制服，服满他的义务兵役，就不寒而栗，心情压抑，神经过敏。他必须寻找一条出路。

出路只有一条：尽快离开慕尼黑，回到温馨的家中。接下来，爱因斯坦表现出了颇为精明的才干，他并不鲁莽行动，而是处处为自己的未来和为说服父母留下了很大的余地。首先，他请他们家原来的家庭医生（塔穆德的哥哥）给他开了一个诊断证明，证明他神经衰弱，需要休学；其次他设法说服了数学老师杜克吕，为他出具了一个证明，证明他的数学水平已经达到中学毕业考试的水平，足够进入高等学校继续学习相关的课程。有了这两个证明，爱因斯坦向校长递上了申请退学的申请书。正像一般情况下会产生的想法一样：越是自己急切想办到的事，越是会认为好事多磨。爱因斯坦也是如此，申请书递上去后，总是害怕学校不会批准他的申请，他为此担心害怕了好几天。但大大出乎他意料的是，申请书递上去不久，他的班主任就叫他去办公室，并对他说，如果愿意的话他可以离校了。爱因斯坦因为没有料到如此顺利，不由感到有些蹊跷，连忙问道："我是不是犯了什么错误？"

老师回答说："你没有犯什么错，但是班上有了你，教师需要在班级中得到的尊严就受到了破坏。"

以后爱因斯坦多次把这次谈话作为趣闻向朋友们谈及。而且我们可以看到，此后由于他的特立独行，由于他非同一般的正义感，爱因斯坦不止一次地让许多大大小小的领导者们感到他们"需要的尊严受到了破坏"，因此他们常常迁怒于他。实际上，爱因斯坦既不是一个反抗当局的叛逆者，也不认为自己是一位科学革命的革命者。他在任何地方都让大大小小的"头头脑脑"感到不自在，恐怕只能归因于他总是比别人看得更深更远，面对各种形式的"权威"总会感到他们极为幼稚和可笑，更糟糕的是，他总会忍俊不禁，笑出来、说出来，这当然会使那些自以为是而且装模作样的"权威"们感到"尊严受到了破坏"，因而不自在和恼火。

在米兰的父母突然看见儿子回到家，而且他还宣布不再回到让他厌恶的慕尼黑去，感到十分惊骇。他们希望儿子能像他叔叔雅可布一样，读完高中再读大学，成为一个高级人才，这才能出人头地，过上富裕的生活。离散在世界各地的犹太人早就明白了一个绝不会错的道理：受到歧视和迫害的犹太人只有比当地居民付出更多的代价，比当地居民更优秀，才有可能摆脱贫困和悲惨的处境。这种观念已经在犹太人的潜意识中根深蒂固了，但儿子竟然不知天高地厚地半途而废，擅自做主离开了中学，他们做大人的苦心和希望岂不全部成了泡影？

爱因斯坦早已准备好如何回答父母的忧虑。他拿出了数学老师杜克吕的证明，并告诉父母他将来的打算。因为瑞士的苏黎世联邦理工大学（ETH）是欧洲一所很有声誉的大学，而且允许自学的学生经考试入学，不一定要高中毕业证，所以他决心好好自学一阵子，然后考入这所在欧洲颇有点名气的大学。

父母见儿子振振有词而且信心十足，烦乱的心情才稍稍缓解。

2/阿尔高州立学校

▶ ▶ ▶ ----------------------

为了让父母相信他的诺言,爱因斯坦立即到一所学校补习功课,还到一家大学书店买来一套大部头教科书《物理学》,为这年秋天的大学入学考试开始了紧张的准备。

前面我们提到过,爱因斯坦之所以断然决定离开德国,重要原因之一是他根本不愿意服兵役。根据德国法律,为了免服兵役,他必须在满16周岁以前办妥移民手续,放弃德国的国籍。1895年3月14日他就满16周岁了,时间紧迫。他说服父亲写了一封信给符腾堡州当局,申请取消他的德国公民资格(当时德国一个州的公民并不等同于德国全境的公民),又花了3个马克以最快的速度办妥了一切必要的手续。接下来的5年,在加入瑞士国籍之前,爱因斯坦一直没有国籍,是"世界公民"。

我们可以认为,爱因斯坦离开德国对他今后的成长非常重要。

爱因斯坦的好友弗兰克[①]说:"他在意大利求学的第一个时期是充满了欢乐与狂喜的。他被画廊上、教堂里的艺术精品迷住了,他倾听这个国家每个角落里回响的音乐声和居民们音乐般的谈话声。他徒步穿过亚平宁山到热那亚去,一路上,他兴奋地观察那些人民的善良本性,他

[①] 菲利普·弗兰克,犹太人,20世纪上半叶的物理学家、数学家、哲学家。爱因斯坦的好友,撰有爱因斯坦的传记。

美丽、热情而又悠闲的意大利

们用最优美的风韵去做最简单的事，说些最简单的话。在爱因斯坦眼中，这和德国人的普遍态度真是形成强烈的对比。在德国，他见到的处处是精神分裂的人，人们失去所有自然的本性而被机械般地驱使着。在这儿，他看到了不受外来束缚的人，他们的行为和本性意志相协调。对他来说，这些人的行为更近于自然规律而远离了人为的权威。"

爱因斯坦后来的秘书杜卡斯说："爱因斯坦离开了慕尼黑到米兰与家人团聚，度过了他一生中最愉快的几年，他简直就像获得新的自由似的。他抛开一切不顾，全心全意地享受自由，只学习自己喜欢的科目。……博物馆、艺术宝库、教堂、音乐会、书籍、家人、朋友、暖和的意大利阳光、热情自由的人们——这一切构成了他的新大陆。"

从我们中国古老的"孟母三迁"的故事和爱因斯坦的经历，我们可以体会到，对爱因斯坦这种性格和禀赋的人来说，离开德国以及后来到瑞士受教育实在是太重要和太及时了。爱因斯坦在《自述》中写道：

赫尔曼和雅可布在帕维亚建立的工厂（水彩画，1900 年）

> 我们在瑞士所受到的这种窒息真正科学动力的强制，比其他许多地方要少得多。……脆弱的幼苗，除了需要鼓励以外，主要需要自由；要是没有自由，它不可避免地会夭折。认为用强制和责任感就能增进观察和探索的乐趣，那是一种严重的错误。我想，即使是一头健康的猛兽，在它不饿的时候，如果用鞭子强迫它不断地吞食，特别是，当人们强迫喂给它吃的食物是经过适当选择的时候，也会使它丧失其贪吃的习性的。

爱因斯坦的这段话有很深的哲理。

诗情画意的日子不久就被罩上了阴影。父亲的公司仍然不见兴旺，米兰和帕维亚的工厂情况都不令人乐观，一向乐观开朗的父亲不得不对儿子说："我无法供你读大学了，恐怕你只能找个职业干了。"幸亏有一位远房亲戚愿意资助爱因斯坦上大学，这个可怕的灾难才得以避免。

2/阿尔高州立学校

爱因斯坦在意大利期间，经常到工厂里学习一些基本技术，有时还到雅可布叔叔的办公室帮助设计。许多理论物理学家如玻尔、泡利，在理论思考上可以让人叹绝，但是一动手做点实验什么的，就常常笨拙不堪；但爱因斯坦很喜欢动手做点机械设计什么的，而且终生有此爱好，在此方面他还与人合作取得了好几个专利呢。在叔叔那儿帮忙做机械设计时，他的实践能力让叔叔又吃了一惊。他的叔叔曾经对一位见习生说：

> 您知道，我的侄儿本来就是非常了不起的。我和我的助理工程师绞尽脑汁考虑好多天的问题，这个青年用了不到一刻钟的工夫就全部解决了。

这年夏季，爱因斯坦在自学物理学之后，撰写了他生平的第一篇论文。虽然没有发表，他却寄给住在比利时布鲁塞尔的舅舅凯撒·科赫。论文的题目是《磁场中以太状态之考察》。实际上，它只不过是爱因斯坦自学的一个总结。

意大利宜人的夏天结束了，爱因斯坦面临的苏黎世联邦理工大学的入学考试日益逼近。

爱因斯坦的舅舅凯撒·科赫

按瑞士的法律规定，参加高等学校入学考试的学生必须年满18周岁。爱因斯坦没有高中毕业文凭还可以通融，但是只满16周岁的年龄，却是一个更大的障碍。爱因斯坦的双亲想通过"走后门"来解决这个难题。他们家有一位叫迈尔的世交，在苏黎世经营一家银行和百货商店。迈尔出生在乌尔姆，曾经担任过德国国家银行地区分行经理的职务，后来从德国移居苏黎世。他们希望迈尔能够给苏黎世联邦理工大学的校长赫尔措格写一封信，以爱因斯坦是一位"神童"为由,允许他参加入学考试。迈尔没有辜负他们的期望,写了一封信给赫尔措格校长,请他不要仅仅因为年龄太小而把这位"神童"拒之门外。赫尔措格校长回信说:

……据我的经验,即使是所谓"神童",一旦在一个学校已经开始学习,在完成全部学业之前就退学,也是不可取的。因此,我就当前的情况给您提出建议,敦促我们谈论的那个年轻人,在这个学校把全部功课学完并通过毕业考试。倘若您或者我们正在谈论的那个年轻人的亲戚不同意我的意见,我允许他本人——在免除入学年龄限制的例外情况下——在我们学校参加入学考试。

赫尔措格校长的意见当然是对的,但是再让爱因斯坦回到慕尼黑去读完高级文科中学,那肯定是不可能的。好在爱因斯坦有数学老师非同一般的推荐,也许可以使校长稍稍放心。总之,有了赫尔措格校长这封信的允诺,爱因斯坦于1895年秋天乘火车来到了苏黎世,并于10月8日开始进行入学考试。考试分两部分,一部分是一般知识:口试文学史、政治史,以及德语讲话的流利程度和用德文写一篇文章。另一部分是专门科学知识:口试算术、代数、几何、物理和化学,还要求提交工程绘图和徒手画。

结果,由于一般知识这一部分的考试成绩不好,爱因斯坦没有被录取;但他的科学专业方面的考试想必表现不俗,因为该校物理系教授韦伯准许爱因斯坦旁听他的课程。

爱因斯坦也认识到了自身基础教育的残缺不全,因而认为自己的失败是完全合理的,所以他顺从地接受了赫尔措格校长的劝告,到设在阿劳镇的阿尔高州立学校去修完他的高中教育。这所学校素以自由、民主的风气和不受教会的约束而在瑞士颇有名气。阿劳镇离苏黎世不远,仅50公里,在它的西边。

阿劳的阿尔高州立学校，1896年爱因斯坦在这儿高中毕业

迈尔有一位相识的朋友约斯特·温特勒，在这所中学任希腊语和历史学教授。由于迈尔的帮助，年少离家的爱因斯坦可以住在温特勒家中，由温特勒照料和帮助他顺利度过一年的学习时间。

温特勒教授以前在苏黎世学习，后来在德国文化名城耶拿获得语言学博士学位。他家有3个女儿和4个儿子，是一个温馨而又颇有文化气氛的家庭。当时爱因斯坦还有一个来自德国赫辛根的表兄罗伯特正好也想进入这所中学，但罗伯特进的是阿尔高州立学校的高级文科部的2年级，而爱因斯坦则读工商专科部的3年级。迈尔希望表兄弟二人同时寄宿在温特勒教授家中。10月26日，迈尔在写给温特勒教授的信中写道：

　　阿尔伯特·爱因斯坦比他的表兄弟成熟得多，因此更少需照料。

爱因斯坦（前排左一）所在工商专科部班级同学合影

爱因斯坦的食宿问题得到了妥善的解决，于是他在 1895 年 10 月 26 日注册进入了阿尔高州立学校工商专科 3 年级。在爱因斯坦入学时，这所州立学校由两部分组成，一部分是高级文科中学部，有 50 多名学生；另一部分是由工科和商科组成的工商专科部，共有 90 名学生，其中有大约三分之二的学生读工科。爱因斯坦选读的是工科。3 年级一共有 15 个学生，班上其他的学生一般都在 17 到 19 岁之间，都比他大。

爱因斯坦除了跟班上课以外，由于法语有"严重缺陷"，化学"必须用功赶上"，自然史成绩也不大理想，老师要求他最好请人补习和自学。看来他面临的任务还不轻，学校为此还特许他不参加唱歌、军训和物理学训练。虽然学习相当紧张，他以后考试的成绩也只有中等水平，

并无什么特别之处,但他却一反以前那种对德国中学反感的态度,始终对这所州立中学怀着依恋和爱慕之情。他晚年曾写道:

> 这所学校以其自由之精神以及教师们毫不仰仗外界权威的纯朴真挚,给我留下了一种难忘的印象。

一位叫比兰德的同学在1928年曾回忆说:"在阿尔高州立学校,勇敢活泼的爱因斯坦如鱼得水……"

在瑞士同学的眼里,爱因斯坦成了一个"勇敢活泼的人"!而在慕尼黑的中学里,他是一个孤独而特别不合群的人,由此可以想见环境是如何强烈地影响一个人的性格啊!我们还可以想见,有多少天才在不利的环境中夭折!

不仅同学们有这样的感觉,就是爱因斯坦住宿的温特勒教授家里的人,也同样感觉这个年轻人是一个活泼可爱而且颇有思想的人。温特勒的长女安娜曾回忆说:

> 爱因斯坦是一个愉快的、很诚实的房客,也是绝不令人扫兴的人。他喜欢主持科学谈话,却始终幽默风趣,偶尔还会捧腹大笑。他晚上极少出门,经常在家用功,还经常同全家人围坐在桌边,进行朗诵和讨论。星期日他与我们全家一道散步,这时他不是同我父亲谈论哲学,就是发表他在物理方面的种种想法。

爱因斯坦在德国慕尼黑求学时,没有人说他"始终幽默风趣",更没有人见到他"捧腹大笑",在自由自在的环境中,他确实改变了许多。当然,爱因斯坦的基本天性不会改变,如自尊心强、与人保持一定距离、喜欢独自思考问题,尤其是热爱刨根问底地探寻科学的奥秘;碰见了让他不满意的事,他仍然喜欢显出嘲弄的样子。

他的同学比兰德曾经这样形容爱因斯坦：

> 任何与他接触的人都会被他卓越的人格所征服。厚厚的嘴唇，下唇稍稍向前突出，一丝嘲弄的样子在他的双唇上显现出来。任何一个非利士人①都不敢和他较量。他不受传统的清规戒律的约束。面对这个世界，他像一个笑容满面的哲学家。对任何虚伪和做作，他会用他机智的嘲讽毫不留情地予以严厉的谴责。

1895—1896年的爱因斯坦

如果认真看一下1895—1896学年里爱因斯坦的照片，我们也许会觉得比兰德的话说得并不过分。他早年那种腼腆已经消失了，取而代之的是自信和微带嘲讽的神态。

爱因斯坦不仅对阿尔高州立学校感到满意，他对寄住的温特勒的家也非常满意。他父亲赫尔曼在写给温特勒教授的信中说：

> 欣悉我儿子受到您无微不至的照料，您不仅关心他的身体健康，而且以如此高尚的方式改善他的理智与感情生活，这对我是莫大的安慰。在此年少之时，心灵最容易接受优秀表率的熏陶，您的良好影响以后会持久发挥作用的。您对阿尔伯特的看法自然使我非常高兴，即使我知道您的话表明的是一种非常仁慈的关怀。

---

① 非利士人是阿拉伯半岛沿海地区能征善战而又十分凶狠的民族，历史上以色列人与非利士人有过你死我活的战斗。——作者注

从这封信中我们可以看出，温特勒对爱因斯坦有很好的评价，而且很重视与他的寄宿生交谈。温特勒教授很愿意以平等的地位与爱因斯坦交谈，并有强烈的愿望想通过交谈来影响他的政治观点。温特勒是一位赞赏自由、讴歌民主的自由派知识分子，他总是警告人们要警惕德国的扩张理论。爱因斯坦不仅钦佩温特勒教授，而且热爱他，常常称他为"温特勒爸爸"或"二爸"；而温特勒对他的影响也真像赫尔曼信中所说，"持久发挥作用"。37年之后的1933年，爱因斯坦在给妹妹玛雅的信中说：

> 我时常想起温特勒爸爸，我常常想起他那富有预见性的政治观点，到今天更是如此。

在阿尔高州立学校求学的一年，爱因斯坦还第一次爱上了一位女性，那就是比他大两岁的温特勒的女儿玛丽。1896年4月8日，学年结束。回到帕维亚家中度假时，爱因斯坦在4月21日写了一封爱意深切的信给他"亲爱的小宝贝"。信中写道：

> 亲爱的小宝贝！非常非常感激您令人心醉的信，亲爱的心上人，它使我无限幸福。能把这么一张小纸儿按在心坎上，真妙不可言，一双这么可爱的眼睛已经含情脉脉注视过它，一双俊秀纤纤的手儿已经亲切地在它上面来回抚摸过了。我的小天使，现在我该完完全全理会想家和思念的含义了。然而，爱情给人的欢乐远远胜过思念引起的痛苦。只有现在我才看出，我的可爱的小太阳对于我的幸福已经多么不可或缺了。……

爱情造就诗人。爱因斯坦初恋时写的信简直犹如一首诗。

玛丽那时刚从一所教师进修学院毕业，被分配到阿尔高州西边奥尔斯贝格的一所乡镇小学教书。从现有可查的文献中可以看到，玛丽在

1896 年 11 月给已经在联邦理工大学读书的爱因斯坦写过两封情意切切的信,在其中一封信中她写道:

> 宝贝,你完全明白,一切在我心中寄寓着生活着和感觉着的东西都是为了你,而且只为了你一个人。自从你的可爱的灵魂生存并活动在我的心灵中,那感觉是多么美好啊,我简直无法形容得出,因为没有这样的词……

这段恋情持续了半年多时间,但不知出于什么原因,爱因斯坦决定在没有对玛丽造成更大的伤害时,终止这一关系。他没有对玛丽说明自己的决心,而是在 1897 年 5 月迂回地将这一决定先告知温特勒妈妈。信中他开门见山地写道:

> 亲爱的妈咪:为了今后无须再进行一场内心的搏斗,我现在就要给您写信……由于我的过失,我已经引起了这个可爱的小姑娘太多太多的痛苦,倘若我以新的痛苦换取几天的欢乐,那就不只是有失我的身份了。

虽然发生了这件痛苦的事情,但它并没有影响爱因斯坦与温特勒一家亲切而温馨的关系,他还是经常写信给"亲爱的妈咪"或"亲爱的二号妈咪",向她讲述自己的一切,而"妈咪"也没有为此责怪他。妹妹玛雅在 1899—1902 年到阿劳女子学校和女子师范学院学习时,认识了温特勒的儿子保罗,后来她和保罗结了婚。爱因斯坦的好友贝索又与温特勒家的大女儿安娜结了婚。因而,他与温特勒一家的关系更加亲密起来。

爱因斯坦在阿尔高州立学校的学习情况,开始很一般,这从 1895 年 12 月第 3 季度的成绩单可以看出来,他的大部分成绩都是 3 分(1 分最高,6 分最低),意大利语还只得了 5 分。但是到了第 4 季度考试时,从他的 1896 年 9 月 5 日的成绩单上看,他取得了很大的进步,除了法语成绩只有 2 分(这时分数是 6 分最高,1 分最低)以外,其他大多为 5 分和 6 分,其中数学是 6 分,物理是 6 分。

有了这样不错的成绩,他可以参加阿尔高州立学校工商专科部的毕业考试了。毕业考试从 1896 年 9 月 18 日早上 7 点开始,内容分笔试、口试两部分。

7 门功课中只有法语最差,只得了 4 分,其他都在 5 分以上,总平均分为 5.5 分,是 9 位参加考试的学生中成绩最好的。爱因斯坦的年龄是 9 个学生中最小的,成绩却是第一,这也反映了在这一年的读书生涯中,他是付出了相当的努力的。

接下来的是 9 月 30 日开始的口试,每位考生要经过至少十分钟的口试。口试照例要请苏黎世联邦理工大学的两位教授到场。口试以后,主考人、校长和考试委员会的成员立即评出最后成绩。9 名考生都及格了,其中包括爱因斯坦在内的共 6 位同学后来进入了苏黎世联邦理工大学。爱因斯坦的成绩是 5 分,是 9 名考生中成绩最好的。

这儿应该特别提到法语考试中的作文。作文题是"我未来的计划"。因为语法等错误,这是他考得最差的一门,但是作文的内容值得我们注意。爱因斯坦写道:

> 幸福快乐的人太满足于现状,不大会考虑到未来。而青年则不同,他们总是喜欢忙于制订一些大胆的计划。此外,一个严肃认真的青年,对于自己渴望实现的目标要有一个既明确又能做得到的想法,这也是一件自然的事。
>
> 我若运气好,一帆风顺地通过我的各门考试,我就会去苏黎世上联邦理工大学,在那里待上四年学习数学和物理,选修这些科学的理论部分。我设想自己会成为自然科学这些分支的一名教师。

下面是启发我做出这项计划的理由。最主要的是，我个人的性情（使我）喜爱抽象的和数字的思维，但缺乏想象力和实际才干。也正是我的愿望启发我下了这样的决心。这是十分自然的，人总是爱做那些自己所擅长的事情。何况科学职业还有一定的独立性，那正是我非常喜爱的。

爱因斯坦的父母原本希望儿子今后接管他们公司的工作，并将公司办得更兴旺发达，圆他们一辈子追求而未完成的梦，爱因斯坦本人原来也打算学习电气工程，现在他却改变了想法，其主要原因在于，在爱因斯坦成熟的过程中，他深深感到，自己追求独立性和不受约束的本性，以及"缺乏想象力和实际才干"，绝不会在办公司、建工厂中得到幸福，而他喜爱的"抽象的和数学的思维"，将会使自己得到满足、愉快。以前他接触的是父母和雅可布叔叔，他们都是工程技术和经营管理人员，耳濡目染，也许会使他习惯地选择父母的事业，而忽视了自己的性格和潜在的爱好。但在阿劳的一年中，他接触了另一种职业的人——温特勒教授，一个以学术研究和教学为职业的人，这种职业一定给了他深深的感悟。他可以确信，在高等学校做物理或数学老师，不仅可以保证他获得一份安宁的、有生活保障和受人尊敬的工作，而且还可以使他随心所欲地继续追求他心仪的科学知识。

他的父亲不断追求扩大公司、兴办新工厂，而又屡战屡败和屡败屡战，在年轻的、喜爱宁静思索的爱因斯坦看来，简直是一场悲剧。他曾劝告父亲不必再做无谓的奋斗，但没有效果，直到父亲彻底破产，无力支持儿子受高等教育。这一切一定在爱因斯坦心中留下了永远的伤痛。1896年，即爱因斯坦人生关键的一年，父亲与叔叔的工厂又倒闭了，雅可布叔叔从此收手，到一家大公司当职员；但他的父亲却还不善甘罢休，又找一位堂兄鲁道夫借钱，打算在米兰独自开一个电工厂。爱因斯坦劝这个叔叔不要借钱给他父亲，也劝父亲像雅可布叔叔一样，找个工作算了，但看来两方都没有理会这位17岁青年的劝告。两年之后，父亲在米兰的电工厂又倒闭了。听到这个坏消息以后，爱因斯坦在给妹妹的信中痛苦地写道：

> 若按我的意见行事，爸爸两年前已经找到了一个职位，那么他和我们就不至于处在这种最糟糕的情况了……最令我苦恼的自然是我可怜的父母的不幸，他们这么多年来未曾有过一分钟幸运。我已是成年人，还不得不袖手旁观，连最卑微的小事也不能做，这更使我深感痛苦。的确，我无非是家庭的一个累赘而已……要是我根本没有来到这个世界上，那倒真的更好了。要始终做好自己微薄力量所能及的事情，并且年复一年，除了以学习来消闲解闷外，一次也不允许自己娱乐——唯独这种念头支撑着我，给我勇气和力量，有时还不得不保护我免于灰心绝望。

从这封信可以看出，爱因斯坦是多么痛心，他几近绝望。幸亏毫不懈怠的奋发学习使他不至于精神崩溃。由于这一惨痛的经历，我们就不难了解为什么爱因斯坦常常说：人生苦短，何必去做那些无谓的、无尽的追名逐利的事呢？

在阿劳的中学，他还逐渐了解到，自己真正的爱好和专长并不是在慕尼黑时所一直钟爱的数学，而是物理。在《自述》中，他仔细谈到了他到大学选择物理学的原因：

> 我看到数学分成许多专门领域，每一个领域都能费去我们所能有的短暂的一生。……这显然是由于我在数学领域里的直觉能力不强，以致不能把真正带有根本性的最重要的东西同其余那些多少是可有可无的广博知识可靠地区分开来。此外，我对自然知识的兴趣，无疑地也比较强；……在这个领域里，我不久就学会了识别出那种能够导致深邃的东西，而把许多东西

撇开不管，把许多充塞脑袋、并使它偏离主要目标的东西撇开不管。

在阿劳，由于"自由行动和自我负责的教育"，爱因斯坦可以自由地思考一些问题。据爱因斯坦自己所说，他在阿劳想过一个问题，从这个问题的深度我们可以看出，在正式进入大学之前，他已经开始具备"识别出那种能够导致深邃的东西，而把许多东西撇开不管"这种卓越的能力了。

这个问题是"追光问题"。我们都知道爱因斯坦善于用"思想实验"抓住问题的要害，形成悖论，并反过来突破经典物理的谬误。在阿劳的中学他就首次显示出了这种异常的能力。什么是"思想实验"呢？我们这儿不妨简单谈一下。"思想实验"是限于技术等方面的条件，暂时无法在实验室完成的实验；于是人们就在思想里设计、"完成"这个实验。例如下面提到的"追光实验"就是一个典型的"思想实验"。人们绝不可能追上光的速度，但是可以假想我们追上了，于是出现种种矛盾。

先听听爱因斯坦是怎么说的：

在阿劳这一年中，我想到这样一个问题：倘使一个人以光速跟着光波跑，那光就不随时间而波动了。但看来不会有这种事情！

这是一个非常了不起的思想实验，当时还没有一位伟大的物理学家想到这个十分"朴素"而又很容易想到的佯谬。每个人都有这样的生活体验：如果两列火车同向同速行驶，那么每列车上的旅客看另外一列车上的旅客就似乎是双方保持静止不动一样。光是一种电磁波，在真空中它以恒定的速度 c 运动。但是，如果有一个人以光速 c 运动，那么在他看来，光波就是静止的，不再以 c 的速度运动了，就像上面提到的两列火车上的乘客一样。但这种事情明显与麦克斯韦的电磁理论相悖，因此爱因斯坦不得不认为"看来不会有这种事情"。其实这儿暴露了经典力学与经典电动力学之间深刻的矛盾。在此后的 10 年中，爱因斯坦一直没有忘记这个思想实验引起的矛盾，这也成为他发现狭义相对论的契机之一。

3/苏黎世联邦理工大学

▶ ▶ ▶ ----------------------

1896 年，世界上发生了许多事情，这些事情今后都会和爱因斯坦的生活发生关联。这一年年初，法国的贝克勒尔教授发现了铀发射的放射性射线；德国物理学家维恩根据经典的概念，推导出黑体辐射谱中能量分布的定律（维恩辐射定律；9 年之后，爱因斯坦也卷入到黑体辐射定律的研究之中，并提出了光量子的革命性概念）。这年 8 月，瑞典化学家和诺贝尔奖创始人诺贝尔在圣雷莫去世，并立下设立诺贝尔奖的遗嘱。1922 年，爱因斯坦接受了 1921 年度的诺贝尔物理学奖。

也正是在 1896 年 10 月的第二个星期，爱因斯坦经过考试，终于进入了他两年来期盼的苏黎世联邦理工大学的 V1 学部的 A 系。

（1）自由的学习风气

这所大学 1911 年以后改名为联邦理工大学（简称 ETH，我们此后就用 ETH 称呼它）。ETH 创建于 1855 年，整个大学分为七个学部，其中以科学与工程两个学部

V1 学部主任、数学家赫维兹教授

ETH 的主楼

的教学与研究闻名于欧洲。爱因斯坦就读的 V1 学部是数学和自然科学专业教师进修学院,它是 ETH 的科学研究和培训中心。V1 学部又由两个系组成,A 系是数学系,领衔的是数学家赫维兹教授,该系除了设有数学专业以外,还设有物理学和天文学专业;B 系是自然科学系,领衔的是地质学家海姆教授,该系除了地质学专业以外,还设有其他自然科学专业。

V1 学部的学生人数相当少,在爱因斯坦进入 V1 学部时,连他在内该学部也只有 10 名新生,其中包括爱因斯坦后来的第一任妻子米列娃,米列娃也是 V1 学部唯一的一名女生。整个 V1 学部只有 23 名学生,爱因斯坦所在的年级还算是当时人数最多的一个年级。

ETH 的教学主楼位于山脚下,4 层楼的主楼,即使以今日的水平来看,也十分壮观。事实上它一直是苏黎世非常引人注目的一座大厦。山脚下是房屋此起彼伏的繁闹市区;从平坦的山坡向下望去,是利马特山谷著名的历史名城。爱因斯坦和他的朋友们曾无数次登上山顶,纵览全市美丽的景色。

数学物理和技术物理教授韦伯

数学系里有两位一流的数学家；但是其中的物理学专业比较差劲，完全不能跟上当时物理学的迅速发展，学生能学到的物理学知识仅仅局限于教科书上的那些，而这些知识又多半是在工程技术上有实际应用的一些原理，很少涉及当时已经发展得比较成熟的理论物理学，如麦克斯韦、亥姆霍兹的电磁理论，玻耳兹曼的分子运动论和概率理论等。物理老师很少与学生一起探讨自然现象以及它背后蕴含的科学哲学原理。爱因斯坦对于韦伯教授不讲麦克斯韦理论方面的新东西很失望。好在苏黎世的这所大学有相当自由的学术环境，只要能将必修课对付过去，听不听课没有硬性规定。这正适合爱因斯坦这种喜欢特立独行的学生。他很快学会了根据自己的需要和兴趣，安排自己的学习：喜欢听的课，集中精力听，每讲必到；不喜欢听的课，则根本不去听，而在宿舍里埋头学习理论物理。

韦伯讲的课，爱因斯坦开始的时候听得十分认真，第二学年（1897—1898）韦伯开的"物理学"，爱因斯坦的成绩不错，得到5.5分和5分。他在给米列娃的信中写道："韦伯的课讲得好极了，我急切地盼着听他的每一堂课。"第三学年到第四学年（1898—1900），韦伯开了十门课，但多是电工课，如"电工原理、仪器和测量方法""电振荡""电工实验"，等等，很难看出这是专为物理系学生开的课，倒多半像是为电力工程系学生开的课。虽然凡是需要考的课程，爱因斯坦都考到了6或5分，但他当时感到相当失望，深感韦伯教授的课忽略了当时进展十分迅速而又十分重要的理论物理学课题。

在这种情况下，爱因斯坦只有采取"刷掉"某些课程的办法来满足自己的学习需要。开始是佩尔内特主持的"初学者物理实验入门"讲座，爱因斯坦很少去听，结果考试他只得了最低分：1分。佩尔内特还指责他"不勤奋",在爱因斯坦 1898—1899 学年的成绩单上记载有:"1899 年 3 月,由于在物理实习课上不勤奋,受到校长的一次申斥。"

佩尔内特有一次问他为什么不学医学、法律这些较容易的课,爱因斯坦回答说:"因为学这些课我的天分不够,所以想试一下相对要好学一点的物理学。"佩尔内特听了十分生气。1899 年 6 月,爱因斯坦还在实验室引起一场爆炸,他的手也被严重烧伤。每次做实验时,教师都会按规定发一张操作规程给他,但是他一般连看都不看就开始按照自己的想法做起实验来。有一次,佩尔内特对他的助教说:"您对爱因斯坦有什么看法?他为什么做什么都不按我的吩咐去干呢?"助教回答说:"的确如此,教授先生。但是,他的实验结果都是对的,而且,他用的方法总是极有趣的。"

爱因斯坦后来对韦伯的课的热情也冷下去了,经常不听韦伯教授的课。这可能是日后两人关系恶化的起因之一吧。爱因斯坦在《自述》中曾写道:

> 1896—1900 年在苏黎世联邦理工大学的师范系学习。我很快发现,我能成为一个有中等成绩的学生也就该心满意足了。要做一个好学生,必须有能力去很轻快地理解所学习的东西;要心甘情愿地把精力完全集中于人们所教给你的那些东西上;要遵守秩序,把课堂上讲解的东西用笔记下来,然后自觉地做好作业。遗憾的是,我发现这一切特性正是我最为欠缺的。于是我逐渐学会自由自在地生活,安排自己去学习那些适合于我的求知欲和兴趣的东西。我以极大的兴趣去听某些课,同时"刷掉了"很多课程,而以极大的热忱在宿舍里向理论物理学的大师们学习。这样做是好的,并且显著地减轻了我的负疲心情,从而使我心境的平衡终于没有受到剧烈的扰乱。

但是不要错误地认为爱因斯坦只热心于理论物理而轻视实验物理。

爱因斯坦其实很热心于物理实验，且醉心于与经验直接联系。爱因斯坦曾经提到他在ETH的生活时说："大部分时间我都在物理实验室操作，被直接观察接触迷住了。"

在ETH时，他的确常常到韦伯的实验室去，甚至在韦伯的指导下准备了一篇以实验为根据的关于热传导的毕业论文。毕业后，他还计划利用韦伯实验室研究热电现象。但是，韦伯对爱因斯坦自己设计的实验计划并不热情，更谈不上支持。有一次韦伯显然是十分不满地对爱因斯坦说："你这个小伙子确实能干，非常能干；不过呢，你有一个最大的毛病是，别人叫你干的事，你一件也不肯干。"

爱因斯坦的终生好友格罗斯曼

1898年10月，爱因斯坦报名参加了"毕业证书中期考试"。整个夏天，他都集中精力与他的好朋友格罗斯曼一起复习功课。格罗斯曼是一位与爱因斯坦在性格上完全不同的大学生，他听课认真，从不逃课，笔记整齐，一丝不苟。爱因斯坦没听的课，就全靠格罗斯曼的笔记"搭救"。用这种临阵磨刀的方式来对付考试，还真十分有效。结果是爱因斯坦得了两个满分（6分，解析几何、力学），3个5.5分（微积分、画法几何与射影几何、物理学），总评5.7分，为参加考试的5个学生中的第一名；而"搭救"他的格罗斯曼只有一个满分（画法几何与射影几何），其他全是5.5分，总评为5.6分。另外3个人的总评分别为5.6分、5.3分和5.2分。

中期考试之后，从1898年末到1890年秋的近两年时间里，爱因斯坦的学习出现了一种根本性的转变，那就是用更多的时间自学。

1899年，爱因斯坦关注的是运动物体的电动力学。这年暑假的8月10日前后，他写信给他的女友米列娃说：

1898年的爱因斯坦

不胜感激您亲切的来信，要是我没有同我们的旅馆老板一道在崇山峻岭中做一次徒步旅行的话，我早就回来了。顺便说一句，这次游山玩水是绝妙喜人的……我已经归还了亥姆霍兹的书，而今正再一次深入细致地攻读赫兹的电力传播。

我们知道，所有的机械波动都需要一种媒介来传播振动，如水波需要水这种介质来传播水的上下振动（横波），声波需要空气这种介质来传播声音的纵向振动（纵波）。照此类推，电磁波也需要一种介质来传播电磁振动（横波）。是什么介质呢？物理学家公认这种介质是一种被称为"以太"的稀奇古怪的东西。说它稀奇古怪是有原因的，因为以太弥漫于整个宇宙，地球、行星、太阳……都浸润其中，因此以太必须柔软无比，这才不会阻碍星体的运行，否则星体由于以太的阻力会很快减速而停止运动，宇宙也会因此而坍塌。但是，电磁波是横波，而且传播速度大得惊人（3×10^8 米/秒），力学公式表明，传播这种速度极快的波，其介质必须有极大的"切向力"，这就是说以太又必须是非常坚硬的，其硬度甚至要超过金刚钻！以太同时具有如此对立和矛盾的性质，使得它成了一个极其古怪的东西，任何一个认真的物理学家想用以太来解释电磁波的运动，都会被这种稀奇古怪的性质弄得顾此失彼、狼狈不堪。爱因斯坦在研究了当时的电磁理论以后，知道了这一烫手的困难问题。甚至在一年前的 1898 年 9 月，德国物理学家在杜塞尔多夫讨论的特别议题"运动介质中以太及其行为"，就被刚刚读大学三年级的爱因斯坦注意到了。虽然他没有资格参加这种会议，但整个苏黎世据说只有他最了解这次会议所遇到的困难。在这次会议上，从亚琛高等技术学院来的维恩在会上的发言，道出了物理学家面临的困境和艰难的抉择。他介绍了以太的各种自相矛盾的"性质"，和当时已完成的 13 个有关地球与以太的实验。有的人认为以太和地球相对静止；有的人认为以太是绝对静止的，而地球在以太的海洋中运动。但两种假设均有与实验相悖之处，因此维恩无可奈何地总结道："以太是否参与物体的运动，或者它是否具有流动性，物理学家们已经激烈争论了很长的一个时期，而且关于这种电磁现象载体必须具有种种性质的推测和假定，人们还将没完没了地争论下去。"

维恩的这个发言，后来以文章的形式发表于 1898 年 65 卷 3 期的《物理化学年鉴》上。在论文中，维恩不但讨论了运动的以太模型，还讨论了静止以太模型。1899 年，爱因斯坦看到维恩的论文后，不由产生了兴趣。这年 9 月 28 日左右，他在给米列娃的信中写道："我也是一个书虫，啃了不少书，并苦苦思索很多问题，其中有的很有趣。我给在亚琛的维恩写了信。此人 1898 年就这个题目发表了一篇很有意思的论文，我已经拜读了。"

尽管参加杜塞尔多夫会议的人很多，地位也不低，但是却没有一种意见能让大家都接受，也没有任何一个物理学家敢于想到干脆抛弃千疮

ETH 物理楼里的电工实验室

百孔的以太，另起炉灶。但这次会议后一年，将要读大学四年级的爱因斯坦居然敢于提出一种全然不同的意向：干脆抛弃这个烫手的以太。但1899年的爱因斯坦，还没有具备在去掉以太以后构筑另一种全新理论的能力和学识，要到6年之后的1905年，他才有能力提出狭义相对论，彻底改变物理学中的时空观。

从这件发生于1898—1899年的事情，我们可以看到，刚到20岁的爱因斯坦已经初步具备驾驭困扰研究前沿的纷繁局面的能力，善于在千头万绪的诸多意见中，分析和看出问题的症结所在。这是一种在科学研究中最不可缺少的、最可贵的能力。

到了1900年，爱因斯坦面临着对他来说更加重要的问题：毕业论文和随之而来的寻找工作的问题。关于以太和运动物体的电动力学问

ETH 的物理楼

题，看来他还没有时间和能力去做进一步思考，因此他把这个问题暂时抛开。至少他明白，要解决这一个让众多物理学高手都感到烫手的问题非一日之功，以后再说吧。

1900 年一开始，他就开始着手找导师和确定毕业论文的题目。3 月份，这两件事总算确定下来了，韦伯教授同意成为他的学术论文指导老师，但是韦伯对爱因斯坦选"热传导"作为论文题目不感兴趣，而且让他恼火的是，爱因斯坦没有用规定的论文纸抄写论文。后来韦伯执意坚持，爱因斯坦只得将论文重新抄写一次。

结果他的论文只得了 4.5 分（6 分为满分），其他考试科目的分数还可以，理论物理、实验物理和天文学都是 5 分，函数论是 5.5 分。这样，爱因斯坦以平均分数 4.91 的成绩和他的三个同学埃拉特（平均分数 5.14）、格罗斯曼（平均分数 5.23）、科尔罗斯（平均分数 5.41）获得当年的毕业证书，而爱因斯坦的女友米列娃以平均分数4未能获授毕业证书。爱因斯坦是4人中唯一一个物理专业的毕业生，另三个都是数学专业的。

在4个获得毕业证书的人中，爱因斯坦的平均分数最低，仅4.91分，还不到5分。比起中期考试，这次考试成绩十分不理想，但连这个成绩也还是靠了格罗斯曼的听课笔记。也许是因为成绩不好，也许是因为考试中断了他对感兴趣的问题的思考，这次考试给他留下的回忆非常不好，甚至令人感到可怕。他在《自述》中写道：

> 这里的问题在于，人们为了考试，不论愿意与否，都得把所有这些废物统统塞进自己的脑袋。这种强制的结果使我如此畏缩不前，以致在我通过最后的考试以后有整整一年对科学问题的任何思考都感到扫兴。

这段话经常被人们引用，以证明考试的可怕的弊端。但遗憾的是至今还没有一个更好的办法代替它，以便对学生的学习效果进行更适宜的审核。另外，爱因斯坦在《自述》中也许过分夸大了考试对他的可怕的影响（"整整一年对科学问题的任何思考都感到扫兴"），因为在1900年8月1日，即考试后的第5天，他在给米列娃的信中写道：

> 虽然我确实还没有得到任何来自苏黎世的消息，可是由于无忧无虑的生活和美好的饮食所产生的喜悦心情却使我信心十足。……我已读了许多东西，主要是基尔霍夫关于刚体运动的那些著名的研究。我对这项伟大的工作惊叹不已。我的神经已经镇静下来，因此我又怀着喜悦的心情在学习。你的近况究竟如何呢？向你的亲人问安！最真诚地吻你，你的阿尔伯特。

7月27日结束考试，在8月1日的信中就说"已读了许多东西"，"神经已经镇静下来，因此我又怀着喜悦的心情在学习"，可见《自述》的回忆恐怕有误。真正让他此后两年对"任何思考都感到扫兴"的是另一件事：找不到合适的工作。爱因斯坦在8月1日信中提的"来自苏黎世的消息"，是指他认为他很有希望得到ETH助教一职的事，虽然他"信心十足"，但事情却远非他预料的那样：他一直没有得到"来自苏黎世的消息"，而另外三个同时获准毕业的同学都已经被ETH录用。他的心情急躁不安，在8月30日（可能）给米列娃的信中他写道：

……生活中有着比考试更恼人的事。我现在才明白，它比世界上的其他任何困难还要讨厌。我唯一的消遣就是学习，我现在以两倍的喜爱来学习，而我唯一可寄予希望的人就是你，我的亲爱的、忠贞的灵魂，要是不挂念你，我可能就不再愿意生活在熙熙攘攘、悲怆不幸的人群之中。

当时爱因斯坦可能没有估计到，他的失业生涯竟历时两年。所以，由这封信我们可以预料到，他之后的两年会使他更加痛心地感到他的不幸。

在讲到爱因斯坦失业生涯之前，我们还要简单介绍一下他在ETH学习生涯的另一个侧面。

(2) 大学时代的友情

谈到友情，我们总会想到我国伟大诗人李白的《赠汪伦》：

李白乘舟将欲行，忽闻岸上踏歌声。

桃花潭水深千尺，不及汪伦送我情。

这首小诗，深为人们赞赏，其中"桃花潭水"已经成为后人抒写友谊、别情的专用语了。爱因斯坦在 ETH 的四年，结交了两个男性朋友和一个女性朋友。男性朋友是格罗斯曼和贝索，他们后来成为爱因斯坦终生的挚友；女性朋友是米列娃，后来成了他的第一任妻子。

爱因斯坦的好友马塞尔·格罗斯曼

格罗斯曼比爱因斯坦大 1 岁，与他是同年级同学，但格罗斯曼是专攻数学的。格罗斯曼是苏黎世湖畔泰尔威尔一个瑞士古老家族的后代，他父亲是一家大型机械厂的厂主，因此生活富裕。他的家和他本人虽有瑞士贵族遗风，但又同时具有相当开放、自由、民主的视野，因此深深地吸引了自称"孤独者"的爱因斯坦。他们成了无话不谈的好朋友，经常在周末闲暇时到咖啡店泡着，既谈学习上遇到的种种问题，也不时激扬文字、指点江山。从谈话中，格罗斯曼对这位不讲究仪表的同学有了很深的了解，而且常常被爱因斯坦的谈话所吸引。他曾经对父母说："爱因斯坦总有一天会成为真正的大人物。"

爱因斯坦则在回忆中深情地说道：

> 我回忆我们的学生时代。他是一个无可指责的学生，我自己却是一个离经叛道的和好梦想的人。他同老师的关系搞得很好，而且谅解一切；而我却是一个流浪汉，心怀不满，也不为人所喜欢。但是我们却是好朋友，我们每两三个星期就要到"都会"咖啡店去，一边喝冰咖啡，一边聊天，这是我最愉快的回忆。后来，我们的学业结束了——我突然被抛弃，站在生活的门槛上不知如何是好。但是他支援了我，感谢他和他父亲的帮助，我后来在专利局找到了一个跟着哈勒工作的职位。这

对我是一种拯救，要不然，即使未必死去，我也会在智力上被摧毁了。而且，十年以后，在广义相对论的形式体系方面，我们一道狂热地工作。这项工作由于我去了柏林而没有完成，在柏林我一个人继续做着这项工作。

格罗斯曼不仅把爱因斯坦从失业的苦海中"拯救"了出来，而且在大学读书时多次"拯救"了他。爱因斯坦曾经这样写道：

格罗斯曼具有许多我所欠缺的才能：敏捷的理解能力，处理任何事情都井井有条。他不仅学习同我们有关的课程，而且学习得如此出色，以致人们看到他的笔记本都自叹不如。在准备考试时他把笔记本借给我，这对我来说，就像救命的锚；我怎么也不能设想，要是没有这些笔记本，我将会怎样。

格罗斯曼从ETH毕业以后，曾在ETH的菲德勒教授手下当了一年助教。1907—1927年，他在ETH接替菲德勒教授，任几何学教授，其中在1911年还担任过ETH的数学-物理系主任。1912—1914年，他在广义相对论的数学方面曾与爱因斯坦合作，这时爱因斯坦已回到ETH，任该大学的物理学教授。1927年，格罗斯曼从ETH退休以后，继续从事数学研究，发表论文。

爱因斯坦与格罗斯曼的友谊，不比"桃花潭水"浅，如果不说更深一些的话。1905年4月30日，爱因斯坦完成博士论文《分子大小的新测定法》，他将论文题献给"我的朋友，格罗斯曼博士先生"。在1916年发表关于广义相对论的第一篇完整的论文时，在前言中他又特地写道："我在这里要感谢我的朋友、数学家格罗斯曼博士，他不仅代替我研究了有关的数学文献，而且在探索引力场方程方面给我大力支持。"

不幸的是，格罗斯曼于1936年9月7日病逝于苏黎世。消息传来，爱因斯坦在震惊、痛苦之余,写信给格罗斯曼夫人。在追忆了他与格罗斯曼的终生交往以及"痛苦想念着他"之后,爱因斯坦欣慰地写道:

> 但有一件事情还是美好的:我们整个一生始终是朋友。

在 ETH,爱因斯坦还结交了一个终生的好朋友贝索。贝索比爱因斯坦大 6 岁,他的父亲是意大利特里雅斯特的一家保险公司的董事。贝索在意大利受完中学教育后,于 1891—1895 年在 ETH 学习机械工程。爱因斯坦到 ETH 就读时,贝索已经毕业,并在瑞士北部温特图尔一家电工机械制造厂工作。爱因斯坦与贝索相识,得益于一场音乐晚会上的相遇。爱因斯坦后来有不少好友,都与音乐晚会上的演奏有关。

爱因斯坦在 ETH 上学的第一学期,在一场室内音乐晚会上认识了贝索。由于志趣相投,两人从此成为终生挚友。1955 年 3 月,当爱因斯坦得知贝索逝世的消息时,他在信函中说:"我们的友谊是从我在苏黎世求学年代就奠定的,那时我们经常在音乐晚会上见面。他年长一些,有学问,总是鼓励我。"

1899 年,爱因斯坦把温特勒家的大女儿安娜介绍给贝索认识,结果促成了贝索与安娜的秦晋之好,1900 年他们结为夫妻。我们前面还提到过,爱因斯坦的妹妹玛雅在十年后又成为温特勒家小儿子保罗的妻子,于是爱因斯坦与贝索在友谊之上又多了一层姻亲关系。1904 年 1 月,由于爱因斯坦的推荐,贝索也被伯尔尼专利局聘用为咨询工程师,于是两位老朋友朝夕相处达 5 年之久。爱因斯坦后来回忆说:

> 专利局把我们结合在一起,我们下班途中的谈话引人入胜,无与伦比,人事浮沉对于我们来说似乎并不存在。

正是在这些极富启发性的谈话中,知识渊博、思想敏锐的贝索向爱因斯坦提出了许多有益的建议,帮助爱因斯坦把尚不够清晰的思想明确地表达出来,对爱因斯坦的科学创见的形成起了"助产士"的积极作用。所以,当1905年爱因斯坦创建狭义相对论的划时代论文《论动体的电动力学》发表时,这篇没有列出一篇参考文献的论文,没有提到任何著名学者的帮助,却唯独提到了贝索的"热诚帮助"和"有价值的建议"。在该文最后的一段话中,爱因斯坦写道:

> 最后,我要声明,在研究这篇文章所讨论的问题时,我曾得到我的朋友和同事贝索的热诚帮助,要感谢他那些有价值的建议。

由这段话可见,贝索在爱因斯坦创建狭义相对论中所起的重要作用。以后我们还会一再提到贝索,因为他们之间的关系一直保持到1955年他们两人逝世为止。

爱因斯坦在大学时的女友米列娃,她后来成了爱因斯坦的妻子

在与朋友相处中,爱因斯坦经常表现出他天生的幽默。有一次他对格罗斯曼的弟弟说:"你一定跑不快。"少年问道:"为什么呢?"爱因斯坦看看少年的大耳朵说:"嗨,这还不清楚吗?你的耳朵太大,受到的空气阻力太大了。"还有一次,在例行的聚会上,爱因斯坦迟到了,有人问他为什么迟到,他说:"我寄居那家的熨衣服的女工对我说,如果她在熨衣服的时候我能拉小提琴,她熨衣服的速度可以提高一倍。因此,我就拉了一会儿。"

除了这两个男性朋友以外,爱因斯坦在ETH还有一个关系非常密切的女性朋友米列娃,后来她成了爱因斯坦的第一任妻子,他们还生下了一个女儿和两个儿子。

4/失业

▶ ▶ ▶ ----------------------

爱因斯坦在大学读书时，他靠亲属每月给他 100 法郎的资助生活，虽说不是很宽裕，但至少可以让他无忧无虑地度过 4 年的大学生活。在这 4 年中，他每月还要省吃俭用地节省出 20 法郎作为申请瑞士公民资格的费用。1899 年 10 月 19 日，爱因斯坦正式向瑞士联邦委员会提交了公民资格申请书。这时爱因斯坦还有半年多时间就要毕业了，没有公民资格，他寻找工作就将极为困难。直到一年之后的 1900 年 12 月 19 日，苏黎世市议会才同意授予爱因斯坦该市公民资格，但还须经过州的批准并缴纳手续费 400 法郎。在又经过一系列调查和缴纳州手续费 200 法郎后，爱因斯坦终于在 1901 年 2 月 21 日成了瑞士的公民，并从此在任何情况下都没有放弃瑞士的国籍，即使在 1940 年 10 月 1 日成为美国公民以后，他也没有放弃瑞士的国籍。

这件事情让他高兴，他可以开始考虑种种就业的可能性。但他真的没有预料到，寻找一个职业竟然那么的困难，让他的心灵受到巨大的折磨。

（1）山穷水尽疑无路

1900 年 8 月，爱因斯坦获得了 ETH 的毕业证书以后，很有信心地认为他将会成为韦伯教授的助教。这样想并不是没有道理，因为 V1 学部的教授们需要好几位助教，而毕业的学生中绝大部分都是学机械的，学数学、物理的人很少，这次与他同时毕业的学生，连他在内也才只有4人，而学物理的仅他1人。按照以前的惯例，这4位毕业生，只要愿意，都可以留在ETH做几年助教。因此爱因斯坦在写给米列娃的信中表示乐观态度，并不奇怪。但是爱因斯坦想得太简单了，韦伯没有选他为助教，却反常地选了两位学机械的学生来当他的助教。显然，韦伯不喜欢爱因斯坦。这到底是什么原因呢？

开始，爱因斯坦对韦伯教授的评价很高。1898年2月16日，爱因斯坦给米列娃的信中写道："韦伯教授以非常高超的技巧讲授了热学（温度、热量、热运动、气体动力学）。我殷切地盼望他不断讲授新的课程。"

从爱因斯坦听韦伯讲课时记下的课堂笔记来看，他真是非常认真甚至可以说是毕恭毕敬地听了韦伯教授的课。韦伯教授曾研究过比热、热传导、电传导以及黑体辐射，并在讲课中讨论过这些内容。韦伯"高超的技巧"的讲授，应该说曾经激励过有才能的爱因斯坦，而且从爱因斯坦后来对于热、电和辐射现象有持久不衰的兴趣，更可以看出韦伯对他的影响是不能忽视的。只是随着爱因斯坦在知识、品格上的日益成熟，以及两人性格上的差异，两人之间产生了矛盾，并日益加深。

韦伯属于比较保守的和重视实验研究的物理学家，但爱因斯坦却属于理论物理学家的类型，而且比较激进。他们之间不仅在思考的广度和深度上有差别，而且研究的方法也大相径庭。爱因斯坦善于将那些看起来彼此毫不相干的、并非本人的实验结果联系到一起，并由此大胆地提出新的理论。虽然他也喜欢并重视实验，但即使在ETH读书期间，他对理论研究投入的时间和精力也大大超过了对实验研究的投入。韦伯教授对爱因斯坦这种走了太多"捷径"的"非正统"的做法，很可能越来越不满意。

由此我们不难理解韦伯对爱因斯坦的不满:"叫你干什么,你偏不干;不让你干的,你又偏要干!"更让韦伯怒气难消的是,爱因斯坦总是不用"韦伯教授"这个尊敬的称呼,而是直称之为"韦伯"或"韦伯先生",这对于一个讲究地位和尊严的德国教授来说,可不是一件不值一提的小事。

由多方面原因积累起来的不满,再加之爱因斯坦的毕业论文不能让韦伯满意,只得了4.5分这样一个极一般的分数,所以韦伯不把助教职位给爱因斯坦,也并不是什么奇怪的事情。但对于急于找到工作以摆脱经济上巨大窘迫的爱因斯坦来说,没有得到这个在他看来必属于他的职务,实在是难以承受的打击。

他的父亲虽然从1899年以后摆脱了破产的厄运,在米兰新建的公司运营得不错,但新签的一些合同还得还债,所以当爱因斯坦毕业后失去了亲戚每月100法郎的资助,他父亲也还无力支持爱因斯坦的生活。由此可见,爱因斯坦是多么迫切希望找到工作,让自己自食其力,不再成为父母的负担、累赘。可是,这一最起码的期盼眼看就要破灭了,他真是忧心如焚啊!

过了半个多月,爱因斯坦听说数学教授赫维兹那儿有一位叫马特的助教在一所高级文科中学谋到了教职,因此立刻于9月23日写信给赫维兹教授:"我不揣冒昧最恭谦地询问:我是否有希望成为您的助教。……预先对您仁慈的回复表示感谢。"在此前大约10天一封给米列娃的信中,爱因斯坦说:"靠上帝的帮助,我很有可能一跃而成为赫维兹的仆人。"

但到了10月11日,赫维兹把马特走后空出的位子,推荐给了埃拉特和梅尔茨两人。爱因斯坦的申请又一次失败了。当他得知这消息之后,在一封信中写道:

我没有获得职位,靠着给人补习的钟点费维持生活——只要我们能偶然碰上几个就行了。可是这件事仍然很成问题,这岂不是流动手艺人的生活，或者简直就是吉卜赛人的流浪生活吗？然而我相信，即使在这种情况下，我们至少也会跟平常一样很快活。

爱因斯坦作为科学研究者有一种极不平凡的品格，那就是他能在极不理想的条件下，也几乎不受干扰地思考和研究。在写这封信时，虽然生活"仍然很成问题"，过着像"吉卜赛人的流浪生活"，但他并没有一个劲地为此苦恼，他仍然利用可以利用的时间、条件来从事他感兴趣的研究。这时，他对物质分子间力的作用规律提出了一种新的看法，并试图把它应用于毛细现象。他曾对米列娃说，"尽管看来简单，却是全新的"，并且说要到ETH"设法搞到有关这个题目的经验材料"。

12月13日，爱因斯坦终于完成了他的第一篇科学论文《由毛细现象得出的结论》，并立即把它寄给了《物理学年鉴》。1901年3月1日，这篇论文在德国的《物理学年鉴》上发表了。这一初始的成功，使爱因斯坦和米列娃都十分高兴。1901年4月14日，爱因斯坦从米兰写信给格罗斯曼说："从那些看起来和直接可见的真理十分不同的、各种复杂的现象中认识到它们的统一性，那是一种壮丽的感觉。"

爱因斯坦还以此为契机，在3—4月份向德国其他一些大学教授发出申请函，希望能成为他们的助教。1901年3月9日，他在给莱比锡大学的维纳教授的信中写道：

> 我冒昧地向您询问是否需要一名助教，几天之前，《物理学年鉴》上发表了我的一篇短文……我最谦恭地恳求您写几个字通知我，我是否有希望现在或者可能今年秋天获得一个这样的职位。

过了10天，他又写信给莱比锡大学的物理化学教授奥斯特瓦尔德。

德国著名化学家奥斯特瓦尔德

> 尊敬的教授先生：您在普通化学方面的著作激励我写出这篇随信附上的论文，因此我不拘礼节寄上一份给您。借此机会还想冒昧询问您，是否有可能使用一位熟悉绝对量度的数学物理学者？我不揣冒昧地提出这个询问，只因为我一贫如洗，而且只有一个这样的职位可以给予我进一步提高的可能性。

在苏黎世已经没有指望，生活又没着落，于是爱因斯坦于1901年3月23日回到米兰的家中。这时他一方面继续向各大学教授申请职位，一方面开始把满肚子的怨气向韦伯教授头上发泄。在3月27日给米列娃的信中他说："我坚信韦伯是有错的。"当韦伯于1912年去世时，爱因斯坦的怨气似乎还没有消除，他以一种与平时为人很不相同的方式写信给朋友章格说："韦伯之死对ETH说来是件好事。"

4月10日，他从米兰又给奥斯特瓦尔德写了一封信，为了不让奥斯特瓦尔德感到他太冒昧，爱因斯坦略施小计地写道，"尊敬的教授先生：几周前我冒昧地从苏黎世寄上小作一篇……因为我非常重视您对它的看法，而我又未能肯定当时附上我的地址，因此不揣冒昧专此奉告。"

荷兰莱顿大学教授昂内斯

4月12日他又写信给荷兰莱顿大学实验物理教授昂内斯,"尊敬的教授先生:我听一位大学朋友说,您那儿有一个助教位置还空着。恕我冒昧谋求这个职务。……随函呈送我新近在《物理学年鉴》上发表的论文抽印本一份……"

这一天,他还给柏林-夏洛滕堡技术大学物理教授帕尔佐夫写了一封同样的信。

爱因斯坦的苦恼和怨气,一定使他的父亲赫尔曼感到撕心裂肺般的痛苦。也许他感到内疚,因而想在力所能及的范围里帮助他儿子,于是他给奥斯特瓦尔德写了一封感人至深的信,希望奥斯特瓦尔德能把他儿子从绝望的困境中拯救出来。赫尔曼写道——

> 尊敬的教授先生:请宽恕一位父亲为了他儿子的利益竟敢向您——尊敬的教授先生求助乞援……我的儿子对于他目前的失业深感不幸,认为他的谋生之道已经失去了指望,而且由于孤陋寡闻,他几乎再也找不到联系的渠道了。失业越久,这个可怕的念头就越牢固地盘踞在他心中。此外令人烦恼的是他意识到他成了我们的累赘,而我们是不大富裕的人。
>
> 尊敬的教授先生,正因为在当今所有正在工作的物理学者之中,我儿子大概最仰慕您也最尊重您,我才不揣冒昧直率地向您求助,恭请阅读他发表在《物理学年鉴》上的论文,如有可能,还请寄给他几行鼓励的话,他会因此而获得生活和创作的喜悦。
>
> 此外,您若能为他谋求一个目前的或今年秋季的助教职位,我则感激不尽。

我再次请您原谅我的唐突，竟然给您写这样的信，并且还得冒昧地再说一句：我儿子对于我这种异乎寻常的做法并不知情。

奥斯特瓦尔德在德国素有伯乐之美誉。1884年他在里加工学院当教授时，曾收到一封来自瑞典乌普萨拉大学的信。写信的人是一个在瑞典备受轻视的年轻学者阿列纽斯，他随信将他的"电离理论"论文寄给奥斯特瓦尔德。在瑞典，"电离理论"被几乎所有权威化学家否定，阿列纽斯只好向国外权威求助。奥斯特瓦尔德慧眼识明珠，立即对这一新的理论大加赞赏，并大力支援处于困境中的阿列纽斯。最终这一理论战胜了种种偏见和谬误，大获全胜，阿列纽斯也于1903年获得了诺贝尔化学奖。

爱因斯坦也许知道这一个伯乐相马的故事。但这次奥斯特瓦尔德没有给予求助者任何响应，也许是因为爱因斯坦发表在《物理学年鉴》上的论文实在太一般，无法激起奥斯特瓦尔德的激情。如果这一次他又像支持阿列纽斯那样支持了爱因斯坦，那奥斯特瓦尔德的伯乐美誉将更加具有传奇的色彩了！

爱因斯坦的第一篇论文的确没什么原创性，如果不是爱因斯坦写的，早就被封没在厚厚的灰尘之中了，谁也不会再提起。

爱因斯坦所有的求职努力都失败了。他的沮丧，他的痛苦，撕咬着父子两人的心。

就在赫尔曼为儿子写信的那天（4月13日）晚上，爱因斯坦收到了好友格罗斯曼的信，信中格罗斯曼说他的父亲向瑞士专利局局长哈勒推荐了爱因斯坦，他的父亲与哈勒是多年的同事和朋友。

这个好消息，对爱因斯坦真如大旱云霓。他那痛苦而紧缩的心，松弛了，欢悦了。第二天他立即回信格罗斯曼——

亲爱的马塞尔：昨天我接到你的信时，实实在在为你的诚挚和仁爱所感动，这种精神让你没有忘却你的老朋友和倒霉鬼。……我简直用不着对你说，要是我能够得到一个这样好的工作，那是我的福气，而且我会全力以赴，绝不玷辱你的推荐。

（2）柳暗花明又一村

在回信给格罗斯曼的那一天，即4月14日，爱因斯坦又收到温特图尔技术学校雷布施泰因教授的一封信，问他是否愿意在5月15日到7月15日期间代替教授工作两个月，因为雷布施泰因教授在这两个月的时间里要服兵役。爱因斯坦当然乐意代课两个月，因为格罗斯曼父亲推荐的工作虽然十分理想，但要正式上任至少还得一年多的时间。在这期间做些临时性工作正合他的意。他在15日迫不及待把这两件好消息告诉了米列娃。关于代课一事，他说："你可以想象得出，我多么喜欢干这件事啊！"接着他提到令人兴奋的格罗斯曼的推荐：

前天晚上我收到马塞尔的一封信，他在信中通知我，我可能很快就会在伯尔尼专利局获得一个永久性的职务！只要这件事成功，我就是极其幸福的！

然后又照例谈到科学方面的思考。他说："我在科学上已经有了一个极其出色的想法，它允许我把分子力理论也应用到气体上。"

5月5日，爱因斯坦离开米兰，去离苏黎世不远的温特图尔。16日，他开始了两个月的代课生涯。17日，爱因斯坦将他的户口由苏黎世迁到温特图尔。在技校里，爱因斯坦每周要上30个小时的课，开始他还不知道自己能否愉快地胜任，有些忐忑，但后来他发觉他的教学比预想的要好。他在给温特勒爸爸的信中说："这里的工作我非常满意。我从未料到我对教学会这样喜欢……"更让他高兴的是，在这儿他遇见了以前在阿尔高州立学校的同学沃尔文德。沃尔文德比爱因斯坦大1岁，当时正在一家大的进出口公司任职。他们两人相见，非常高兴。

有了哪怕仅两个月的临时性工作，爱因斯坦的心情就已经"阴转晴"了。但这时他的父亲可能又一次处于破产的困境，因为父亲请求刚刚找到临时工作的儿子给女儿玛雅寄50—100法郎。在温特图尔技术学校代课不久，爱因斯坦又开始了热电研究，并对柏林一位物理学家德鲁德的理论有不同看法，想直接与他商榷。大约是6月初，他给德鲁德写了一封长信，信中对德鲁德的电子理论提出了不同的意见。大约一个月之后，德鲁德回了信。德鲁德在回信中肯定不同意爱因斯坦的批评，也许还不客气地批评了爱因斯坦几句，因为爱因斯坦在7月7日写给米列娃的信中表示他对德鲁德非常不满：

爱因斯坦的妹妹玛雅（1897年）

> 我……发现德鲁德的这封信，对于它的作者之卑劣可耻，倒是一份确实可靠的证据，无须我增补任何说明。从现在起我绝不向这样的人求助……

爱因斯坦说话可能真如米列娃所说，有些"言语刻薄"了。米列娃在1901年11月写给朋友的一封信中说："他几乎不可能很快地就找到一个更有保障的工作岗位。你知道我爱人言语刻薄，而且他还是一个犹太人。"爱因斯坦以前和此后，为人都比较宽容，很少这样刻薄。可见人在穷困的时候，心灵都会比较脆弱，刻薄的语言也会不自觉地流露出来。

随着代课任务日近结束，爱因斯坦又开始为求职而忙碌。7月上旬和下旬,他先后向布格多夫技术学校和弗劳恩费尔德州立中学申请一度空缺的职位,但都没有成功,职位被别的申请者得到。

到这年9月15日,爱因斯坦来到沙夫豪森,在尼埃施博士办的私立寄宿学校当私人教师,他与尼埃施博士签订了为期一年的合同,因此他在给格罗斯曼的信中说"至少可以有一年不必老是担心吃饭问题"。有了相对稳定的环境,爱因斯坦立即开始撰写关于气体分子力的博士论文。

苏黎世大学物理学教授克莱纳

1901年11月23日,他将论文正式提交给苏黎世大学,作为他的博士论文。在这之前他曾将论文寄给苏黎世大学的物理学教授克莱纳,请他审阅。但是这篇论文的命运坎坷,直到三年之后的1905年才正式被苏黎世大学接收。

1901年12月11日,格罗斯曼给爱因斯坦带来了好消息,他告诉爱因斯坦,伯尔尼专利局很快就会登招聘广告,他还确信这个职位非爱因斯坦莫属。第二天,爱因斯坦把这个绝佳的好消息写信告诉米列娃,说"我快乐得晕头转向"。

这时,爱因斯坦已经辞去尼埃施博士私立寄宿学校的职务,兴冲冲地把户口迁到了伯尔尼。这是因为伯尔尼专利局于1901年12月11日在《瑞士联邦公报》上刊登了招聘广告,广告上说年薪为3500—4500法郎,应征申请于12月28日截止。专利局局长哈勒先生还给爱因斯坦写了一封亲笔信,敦促他立即申请谋求专利局设立的一个职位。12月18日,爱因斯坦向伯尔尼专利局申请谋求广告上的职位。在申请信中,他似乎漫不经心地提到了他那一篇发表在《物理学年鉴》上的文章。第二天,他高兴地把这件事写信告诉米列娃:

现在不再有任何疑虑了。格罗斯曼已经向我祝贺了。为了想个方法表示我对他的谢意，我要把博士论文题词献给他。……很快你就是我幸福的爱妻了。我们的苦难现在到了尽头。我现在才看出我有多么爱你，因为可怕的环境压力不再压在我身上了！

什么时候才能到专利局上班，还暂时不知道。但爱因斯坦已经急不可待地辞去了尼埃施的教师职位，在1月30日将户口迁出沙夫豪森。

到了伯尔尼，爱因斯坦在当地的报纸《伯尔尼市公报》上登了一个"私人授课广告"："愿为大学生和中小学生提供最全面透彻的数学和物理钟点补习。阿尔伯特·爱因斯坦，持有苏黎世联邦理工大学专业教师证书。正义胡同32号2楼。试讲学时免费。"

幸运的是，私人授课广告登出没有几天，就有两位主顾找到了正义胡同32号爱因斯坦的住处。

5/伯尔尼专利局

▶ ▶ ▶ ----------------------

伯尔尼位于瑞士中部阿勒河两岸，是瑞士的首都和政治文化中心。它始建于12世纪，由于特殊优越的地理位置，它在1848年就被指定为首都。对于爱因斯坦来讲，伯尔尼无论从什么意义上来说，都是他的福地。他的人生之旅就是在这儿发生了根本性的变化。1902年6月，他被瑞士专利局录用，从此结束了那颠沛流离的、可能扼杀他智力的失业生活；1903年1月，他和米列娃终于在突破种种障碍后结下秦晋之好，接着他的两个儿子汉斯和爱德华分别于1904年和1910年在伯尔尼出生；更为重要的是，他于1905年在专利局工作时发表了4篇划时代的论文，其中的每一篇都可以使他在科学史上流芳百世。正是在这个当时人口不足10万的小城市里，爱因斯坦的智慧、他的原创性理论，震撼了世界，并从此改变了人类的文化、思想和进程。一个可以与牛顿媲美的科学伟人从伯尔尼走向了世界。

爱因斯坦永远不会忘记伯尔尼。

伯尔尼因为有了爱因斯坦而从此被人们铭记。

到了伯尔尼之后，爱因斯坦立即写信给米列娃："伯尔尼是讨人喜欢的。一个古色古香、十分舒适的城市……我幸运地逃出了那个令人感到不快的环境，这使我非常快慰。"

伯尔尼市内有名的钟楼,
传言爱因斯坦因为经常看这个钟,所以发现了相对论

为了在到专利局正式上班之前能维持生活，他登了广告，为需要各种补习的学生讲课。很快就有两个主顾找上门来。一个是沙凡，另一个是以前就与爱因斯坦认识的哈比希特。这两位顾主一位是工程师，一位是建筑师，他们大约从2月10日的晚上开始补习功课，每人每小时付爱因斯坦两个法郎。沙凡和哈比希特很快就成了爱因斯坦的好朋友，尤其是哈比希特，与爱因斯坦似乎有讨论不完的话题。哈比希特是沙夫豪森一位银行董事的儿子，曾经先后在苏黎世大学、慕尼黑大学和柏林大学学习哲学、数学与物理。爱因斯坦在沙夫豪森的私人学校教书时，认识了哈比希特；后来爱因斯坦到伯尔尼，哈比希特正好在伯尔尼大学学习数学。哈比希特发觉伯尔尼大学讲物理学的福尔斯特教授的水平实在不怎么样，而爱因斯坦也看不起福尔斯特教授，认为他的讲课只不过停留在初级水平上，不仅无益于学生，还会损害物理学的声誉，于是哈比希特晚上常到爱因斯坦这儿来听他讲物理学。

1902年3月下旬，一位叫索洛文的伯尔尼大学哲学系的学生找到了爱因斯坦的家。索洛文曾专门撰文记述了他们的初次见面。

> 1902年复活节假期中的一天，我在伯尔尼街上散步，买到一份报纸，发现上面有一广告，写着：阿尔伯特·爱因斯坦，苏黎世联邦理工大学毕业生，每小时物理课三个法郎。我自己忖度，也许这个人可以向我透露理论物理学的秘密。因此我向广告所示的地址走去。……在我进了他家并就座以后，我向他说：我是学哲学的，但是我也很乐意尽可能加深我的物理知识，以便获得基本的科学知识。他告诉我，他在更年轻的年纪，对哲学也有极大的兴趣，但由于哲学中流行着不明确性和任意性，他改变了爱好，现在他只钻研物理学了。这样，我们交谈了两小时左右，谈得海阔天空。我们都认为我们的思想是广泛一致的，这使我们相互吸引。当我辞别时，他陪我出来，我们在街上又谈了一个半小时，并约定第二天再见。

"奥林匹亚科学院"的三位朋友，左起：哈比希特、索洛文、爱因斯坦

当我们再见面时，我们又继续讨论第一天晚上中断的问题，而把讲物理课的事完全忘掉了。

第三天我又去看他。在我们讨论了一些时候以后，他说："坦白说吧，你不用听物理课了，跟你讨论物理问题要有意思得多。你还是完全不拘形式地来看我吧，我很高兴和你谈天。"所以我就更经常地到他那儿去。而我愈了解他，就觉得他愈吸引我，我对他洞察和精通物理问题的非凡能力很惊讶。他绝不是一个卓越的讲演者。……他在解说时讲得很慢而又单调，可是思路惊人的清晰。为了使一种抽象思想较易理解，他常常利用日常生活经验的例子。爱因斯坦运用数学工具虽然无比精准，但他常常讲到要反对在物理学领域中滥用数学。他这样说："物理学按其本质是一种具体的和直觉的科学。数学只为我们提供方法来表述现象所遵循的规律。"

爱因斯坦有了这几位朋友以后，生活倒是不寂寞了，每天在看书、争论、思考中愉快地度过，但是经济上仍然窘迫得很。他父亲由于不断地奋斗和不断地失败，心情非常忧郁，结果影响了健康，到1902年4月，父亲的健康状况已经很糟糕了，这不能不让爱因斯坦感到难过。更让爱因斯坦伤心和为难的是，他的父母不仅仍然不同意儿子与米列娃的婚事，而且持强烈的反对态度。

虽然贫困，但共同的爱好和对知识的渴求，使爱因斯坦、索洛文和哈比希特三人聚集到了一起，利用晚上的时间共同学习和研讨大师们的著作。在学习中，他们完全忘却了生活的窘困，那种精神上的充实和欢乐，只能用古希腊哲学家伊壁鸠鲁那句"欢乐的贫困是件美事"的话来描述。在学习的过程中，爱因斯坦还不时拉一拉小提琴，为大家助兴。饿了，按爱因斯坦的"理论"，必须来一点晚餐。所谓的晚餐当然非常简单，只不过一点香肠，一块干酪，一点水果，一两杯茶，或一点蜂蜜水。

三个欢乐的年轻人为他们的这种"学术聚会"取了一个了不起的名称：奥林匹亚科学院。这大概是仿照的两千年前柏拉图那个学院的名称。这个"科学院"从1902年七八月份"成立"起，一直活动到1905年11月索洛文离开伯尔尼到法国里昂大学学习为止。我们可以看到，爱因斯坦科学创造达到顶峰的时期（1905年前后），正好是他在"奥林匹亚科学院"积极活动的时期，这两者肯定有密切的关系。

1902年6月，爱因斯坦的噩运终于结束。6月19日，瑞士司法部通知爱因斯坦，联邦委员会于6月16日会议上"已经遴选您临时为联邦专利局三等技术专家，年俸3500法郎"。同日，瑞士专利局也通知爱因斯坦被临时录用，并告知他至迟于7月1日到任，当然，"可以提前上任"。爱因斯坦得知这一消息，其高兴和激动是完全可以想象的。他于6月23日（星期一）提前上任。从此，爱因斯坦有了宁静的生活环境，可以保证他无忧无虑地去思考、追寻科学原理的基础。

爱因斯坦上任后不久，他的父亲于1902年10月10日在米兰去世。爱因斯坦及时赶到米兰，为年仅55岁的父亲送终。在生离死别这一人生最痛苦的时刻,爱因斯坦终于得到双亲的许可:他可以与米列娃结婚。当赫尔曼意识到自己将告别人世时,他请求让他一个人留在卧室里,这样他可以给活着的人留下尊严的形象,而不让家人看到他在痛苦中挣扎的可怜样子。他,独自一人离去了。以后,每当爱因斯坦想到这一时刻,他就感到心酸气短,一种深深的负罪感让他无法平静。他知道,因为他坚持与米列娃结婚,深深伤害了父亲和母亲。这种伤害使他终生不能原谅自己,并且为他的这次婚姻留下了潜在的、不可弥合的裂痕,并导致最终的分手。

1903年1月6日,爱因斯坦与米列娃结婚,证婚人是哈比希特和索洛文,双方家长都没有参加婚礼。登记后,几个人到饭店简单地庆祝了一番。他和米列娃很晚才回到蒂利尔街18号刚租来的一所漂亮楼房里。像以后经常会发生的情形一样,爱因斯坦这天晚上忘了带钥匙,他们只好把房东叫起来开门。

爱因斯坦终于有了一个家,而且这个新家很合他和米列娃的心意,它有一个大阳台,在阳台上可以欣赏远处阿尔卑斯山的美丽景色。有了这个家,爱因斯坦可以利用晚上的时间和朋友或妻子探讨科学的基础,而米列娃不仅可以使不拘小节、不重仪表的爱因斯坦安心地、全心全意地思考,而且她又可以聆听爱因斯坦如潮水般涌来的新思考。这使爱因斯坦能毫无阻碍地、狂热地宣讲自己思考的结果,米列娃也可以分享爱因斯坦的欢乐,而且她还可以向他提出疑问,帮他锤炼不够成熟的思想毛坯。什么是志同道合?爱因斯坦和米列娃就是最好的例子。诗云:"洞庭镜面平千里,却要君山相发挥。"米列娃、哈比希特、索洛文,还有哈勒局长……就是"群山"。虽然以后爱因斯坦和米列娃由于种种原因分手,但米列娃对爱因斯坦的巨大成功是有所贡献的。

除了家庭条件之外,爱因斯坦在伯尔尼工作时还有了良好的环境。这个良好的环境就是专利局和"奥林匹亚科学院",它们对于爱因斯坦的成功也有着重要的作用。首先我们来看看爱因斯坦在伯尔尼专利局的工作。

爱因斯坦与米列娃的结婚照

瑞士伯尔尼专利局,爱因斯坦在这儿工作了七年(1902—1909年)
(照片上的是新建的专利局,在爱因斯坦街2号,旧的已经拆去)

专利局那时刚成立，名称还不是专利局，而是"联邦精神财产局"，它的第一任局长是由土地测量局调来的机械工程师哈勒，在土地测量局哈勒也是局长。哈勒是一位坚强有力、善良、有逻辑头脑和有个性的人。他很直率，爱因斯坦刚上班时，哈勒就直率而诚恳地对爱因斯坦说：

> 你是学物理的，你对制图一点也不懂，你必须学会看技术图，读测量数据。在你还没有做到以前，我不能正式录用你。

爱因斯坦直到1904年9月16日才被正式录用，到1906年4月晋升为二等技术专家，年俸为4500法郎。

对于如何审阅专利，哈勒做了如下训示：

> 你们着手审查时，你们要设想，发明者所说的全是假话。如果你们不这样想，顺着发明者的思路走去，你们就会受束缚。你们始终要有批判的眼光，要警惕。

从批判的、反驳的立场去审查各种专利申请，这种思考问题的方法对年轻的爱因斯坦实在太有好处了，因为这可以使他思想敏锐起来，不落窠臼；而且这种批判的方法也给爱因斯坦带来许多乐趣。爱因斯坦很喜欢这种工作，也很适应这种批判的氛围。对哈勒，他长期怀有感激之情，他曾经对人说："就个人关系来说，在专利局工作是很愉快的，专家们之间的关系诚恳而又亲切。局长哈勒是一个出类拔萃的人物，精明强干。他那种直率的方式是很容易习惯的。我对他的评价很高。"

爱因斯坦在专利局

在专利局工作的 7 年多时间里，爱因斯坦总共写了 30 篇科学论文，创立了狭义相对论，提出了光量子假说，用布朗运动证实了原子的存在，开始构思引力理论，为广义相对论奠定了基础……这一切成就的取得，爱因斯坦自己认为和专利局的工作有必然联系。他在《自述》中深情地回忆了他的这段经历：

> 在（伯尔尼）我的创造性活动最丰富的 1902—1909 这几年当中，我不用为生活而操心。即使完全不提这一点，明确规定技术专利权的工作，对我来说也是一种真正的幸福。它迫使你从多方面思考，它对物理的思索也有重大的激励作用。总之，对于我这样的人，一种实际工作的职业就是一种绝大的幸福。因为学院生活会把一个年轻人置于这样一种被动的地位：不得不去写大量科学论文——结果是趋向于浅薄，这只有那些具有坚强意志的人才能顶得住。

在伯尔尼时期，"奥林匹亚科学院"的业余科学活动对爱因斯坦的脱颖而出也起了重要的作用。对于处在成长过程的人来说，争论其实就是一种激励和解放。"奥林匹亚科学院"的三个成员，除了一起学习科学和哲学的名著以外，还读了一些文学作品，如拉辛、狄更斯和塞万提斯的作品。在学习以外，他们各抒己见和彼此批评。

伴随着学习的是长时间的激烈争论。索洛文在他的回忆中生动地描述了他们之间的争论：

> 对于长时间的激烈争论，遗憾的是我现在简直无法描绘出一幅适当的景象。有时我们念一页或半页，有时只念了一句话，立刻就会引起激烈的争论，而当问题比较重要时，争论可以持续数日之久。中午，我时常到爱因斯坦的工作处门口，等他下班出来，我们立刻继续前一天的讨论。"你曾说……"，

"难道你不相信这一点吗？……"或者"对我昨晚所讲的，我还要补充这样一点……"

这些"长时间的激烈争论"对爱因斯坦思想的发展确实产生了深刻的影响。一旦他有什么新的想法，他就会向朋友们提出来，大家共同讨论。除了"科学院"的两个朋友以外，在伯尔尼时期他还有一位很好的朋友，那就是贝索。贝索是一个爱吹毛求疵的人，他常常会从意料不到的角度给爱因斯坦的设想或公式提出很有深度的批评或建议。如果爱因斯坦提出了惊人的新观念，他就会激动地说："如果它们是玫瑰，它们就会开花。"

一般来说，爱因斯坦终生都是比较孤独的，他似乎不必从别人那儿寻求启示，但他还是愿意向不多的几个朋友（到后期多是向助手）谈到自己的思考，注意他们的反应并与他们进行心灵上的沟通。但他从不和朋友过分亲密（包括他的两任妻子），他不希望别人干扰他心灵中的自由思考。他认为这样他可以"在很大程度上不为别人的意见、习惯和判断所左右……"，这句话是1930年写的。近30年前，在伯尔尼的爱因斯坦还非常年轻，这时他还比较愿意与朋友们交谈、争论，听取他们的意见，改正自己的某些不合适的想法，但越到以后，他越倾向于孤独——"与年俱增"。孤独是思维的伴侣，但是一般人耐不住孤独和寂寞。

1903年前后，爱因斯坦和他的朋友们也会做出许多年轻人会做的趣事。据说，有一次有一位大音乐家到伯尔尼来巡回演出，按以往的惯例，"科学院"的三位"院士"会一起去音乐厅，但这次不巧，他们正兴致勃勃地读哲学家休谟的书，实在丢不下手。于是，他们三个决定按爱因斯坦的建议行事，放弃音乐会，到索洛文那儿继续读休谟的书。

可是第二天晚上，索洛文硬是被朋友拉去听音乐演奏。临走时，索洛文为两个伙伴预备好他们爱吃的煮鸡蛋作为宵夜，并留下一张便条："亲爱的朋友们——请吃鸡蛋，并致敬意！"

爱因斯坦纪念馆（1903年爱因斯坦住的伯尔尼小商场街49号2楼的一个房间）

爱因斯坦和哈比希特读了便条。他们读完书、用完夜宵后，在房里猛抽了一顿烟才走。走前也留下一张便条："亲爱的朋友——请尝浓烟，并致敬意！"

啊，年轻人是多么值得羡慕啊！正像英国伟大作家莎士比亚所说："青春充满欢乐，青春像夏日清晨，青春生气勃勃，青春欢乐无限，青春矫健，青春冒失、鲁莽，青春热血；青春，我爱慕你！"

由于专利局的工作，爱因斯坦终生保持了对技术、实验的兴趣。当他的大儿子汉斯会玩玩具时，他曾用火柴盒给汉斯做了一个小缆车，汉斯高兴极了。后来汉斯在回忆中说："这是我当时最好的玩具之一。只用一点细线和火柴盒，他竟然能够做出这么有趣的玩具！"

爱因斯坦纪念馆外景

1904年5月14日,他的长子汉斯·爱因斯坦出生,爱因斯坦高兴极了。这时他们已经于1903年11月搬到小商场街49号2楼(现在是爱因斯坦纪念馆)。房间很小,前后有两间房,连成一个通间;前半间稍大一点,大约20平方米,后半间很小。门边隔出了可以放一张书桌的小空间(现在在那张桌前的墙壁上,贴着 $E = mc^2$ 的公式,还注明:1905年,突破性的一年)。顺楼梯往下,在转弯处是两家共用的卫生间。显然,居住条件并不好,但是爱因斯坦已经十分满足了。

在汉斯出生前一个月,他就给哈比希特写信说:"过几个礼拜我们家将会有一条小狗。"

此后,人们经常可以看见爱因斯坦一边推着一辆婴儿车,一边思考正在他大脑中涌现的崭新的科学思想……非常令人奇怪的是,正是在结

爱因斯坦、米列娃和他们的大儿子汉斯

婚、生孩子、熟悉专利业务……这忙得不可开交的时期，爱因斯坦迅速迎来了他毕生科学创造的巅峰。

1905 年，从 3 月 17 日到 6 月 30 日，在短短的三个半月的时间里，伯尔尼专利局的三等技术专家，创造了人类文明史上令人惊讶的奇迹，他连续发表了 4 篇极其重要的论文。3 月份的论文"非常有革命性"，使他成为量子理论的三大教父之一，16 年后他因此获得了诺贝尔物理学奖；4 月份的论文是他的博士论文，使他成了苏黎世大学的博士；5 月份的论文使他成了统计力学的创始人之一，而且由此论文而设计的实验使得原子分子假说第一次被实验证实，原子假说从此不再有人反对；6 月底的论文使他创建了彻底改变人类时空观的狭义相对论。此前在科学史上还从来没有一个人在这么短的时间内，完成如此之多和如此重要的贡献。

这正是:

> 天使飞翔在夜半的天空中,
> 他唱出了悠扬的歌声;
> 明月、繁星、朵朵的乌云,
> 倾听着他神圣的声音。①

不过,在开始"倾听着他神圣的声音"之前,我们最好先来看看那"朵朵的乌云"。

---

① 出自莱蒙托夫的诗歌《天使》,余振译。

6/1905年——奇迹的一年

▶ ▶ ▶ ----------------------

英国著名物理学家彭罗斯说：

在20世纪，我们极其幸运地目睹了我们世界的物理图像的两次重大革命。第一次革命推翻了我们的空间和时间观，把两者结合为我们现在称之为时空的东西，人们发现这种时空以一种微妙的方式弯曲着，从而引起人们早就熟悉的、无处不在而又神秘的引力现象。第二次革命完全改变了我们理解物质和辐射本性的方式，给了我们一种实在的图像，其中粒子的行为像是波，而波的行为像是粒子，我们通常的物理学描述变得具有本质上的不确定性，而一个物体可以同时在几个地方呈现其自身。我们用"相对论"一词概括第一次革命，而用"量子论"概括第二次革命。两者现在都已通过观测得到确认，其达到的精确度在科学史上乃是空前的。

……特别令人惊奇的是一位物理学家——阿尔伯特·爱因斯坦——对自然界有如此非凡的洞察力，以至于在1905年这一年中就为20世纪的这两次革命奠定了基础。

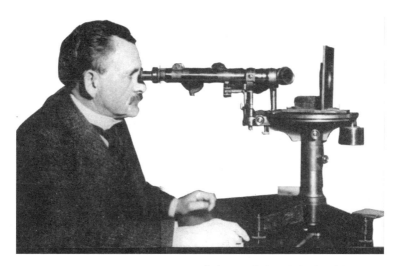

美国著名物理学家迈克尔逊正在做实验

19世纪末,经典物理学获得了全面的发展,形成了以经典力学、电磁场理论和经典统计力学为三大支柱的理论体系。这一理论体系,可以说已经达到了相当完整、系统和成熟的地步,因而有一种乐观主义的情绪认为,物理学已经充分掌握了理解整个自然界的原理和方法,相当多的物理学家深信,已经发现的物理定律适合于任何情况,永远不会被改变;此后的工作,无非是把两个方面的理论结合起来:一个是以不能分割的原子的概念为基础的物质力学理论,另一个是以充满连续弹性介质为基础的以太理论。这一步工作一旦完成——他们也深信不疑它必将迅速完成,物理学科将无事可干,剩下的工作只需将物理常数的测量值精确到小数点后面几位。

正当一部分人沉湎于乐观主义气氛中时,物理学的发展却与这种过分乐观的愿望恰好相反。在19世纪末到20世纪初一段不太长的时间里，由于一系列实验中的新发现，一场激烈的科学革命迅速爆发，并以极快的速度渗透到物理学各种最基本的思想和原理之中。

1881年是十分重要的一年。这年8月，美国《科学杂志》发表了年轻的美国物理学家迈克尔逊的文章。文章中迈克尔逊声称，他首次用实验证实："以太静止的假设被证明不正确，这个假设肯定是错误的。"

英国著名物理学家开尔文爵士

接着，1895年德国慕尼黑大学教授伦琴发现X射线，1896年法国物理学家贝克勒尔发现放射性，1897年英国卡文迪许实验室主任汤姆逊发现电子……这一系列发现，严重地冲击着经典物理学传统的物理思想。物理学面临严重的危机，连素以保守著称的英国科学界元老开尔文，也不得不于1900年4月27日在英国皇家学会的演讲中承认："动力学理论……的优美性和明晰性被两朵'乌云'遮蔽得黯然失色了。"

第一朵"乌云"涉及的是力学、电磁理论中最基本的物理思想问题，第二朵"乌云"涉及的则是气体分子运动理论。我们先来看看第一朵"乌云"是什么。

当时，几乎所有物理学家都相信，由于麦克斯韦理论的辉煌成功，传播电磁波的载体以太，就代表了"绝对空间"。既然代表了绝对空间，当然就可以通过"精密的"实验测出以太相对于地球的"绝对运动"。许多物理学家都投入这个实验中，但是，直到1887年，迈克尔逊-莫雷实验再次否定了以太有相对于地球的"绝对运动"以后，物理学家才大梦初醒，认识到了问题的严重性。洛伦兹忧虑重重地说："我现在不知道怎样才能摆脱这个矛盾，……我们也许根本就不会有一个合适的理论了。"他甚至怀着侥幸的心理问道："在迈克尔逊先生的实验中，是不是还会有一些迄今仍被看漏的地方？"

第二朵"乌云"涉及的是经典物理学另一个支柱：热力学和分子运动论。这方面的情形太复杂，这儿就不多涉及了。

1905年，两朵"乌云"开始消散，这与爱因斯坦在这年发表的4篇论文有很大的关系。正如德布罗意所说："他的（在1905年的4篇）论文可以被比作光彩夺目的火箭，它们在黑暗的夜空突然画出一道道短促的但又十分强烈的光辉，照耀着广阔的未知领域。"

下面我们只讲述爱因斯坦在1905年发表的2篇论文。

(1) 6月的论文：狭义相对论

1922年1月，爱因斯坦在日本京都发表过一次演说，题目是"我是如何创造相对论理论的"。在这次演说中，爱因斯坦回忆了1905年他的思想变化的根本原因。在1905年以前很长的一段时间里，他一直思考着一个很困难的问题：他相信麦克斯韦的方程是正确的，它告诉我们光速是不变的；但是，光速不变性与经典力学的速度相加规则又直接发生冲突。

举一个例子：在速度为 v 的火车上，发射一束光，在火车上的观察者看来，光速为 c；但在地面上的观察者看来，如果 c 与 v 的方向一致，则光速应该是 $c+v$，如果 c 与 v 的方向相反，那么光速为 $c-v$。总之，利用力学中速度合成法则可知：对不同的参照系，光速不会是一个常数。要解决这一矛盾，确非易事。爱因斯坦自己也承认："为什么这两个概念相互矛盾呢？我知道，这个难题的确不容易解决。我花了将近一年时间徒劳地试图……解决这个问题。"为什么会发生冲突呢？他"毫无结果地思考了几乎一年时间"，他发现这个问题"是一个根本就不容易解决的难题"。但后来终于奇迹般地解决了，爱因斯坦在演讲中这样说道：

没想到在伯尔尼的一个朋友帮了我的忙。有一天，天气真是好极了，我去拜访他，我和他开始了谈话。"最近有一个很困难的问题，我无法解释。今天我来，就是想就这个问题与你论战一番。"我和他讨论了许久，突然，我知道问题的症结了。第二天，我又去找他，还没有问候他我就急忙地对他说："谢谢你，困难的问题已经完全解决了。"我解决的正是时间这个概念。时间这个概念本来是不能给一个绝对的定义的，但是时间和信号速度之间有着不可分割的关系。有了这个新的概念，前面所说的困难就全部迎刃而解。五个星期之后，狭义相对论就完成了。

我们知道，由麦克斯韦方程组可以推出，在真空中电磁波传播的速度是 c，它是恒定的。物理学家当然会进一步追问：这个恒定的速度是相对于哪一个参照系而言呢？麦克斯韦意识到这个问题的严重性，他没有明确做出回答。但从他把以太看成是电磁波的载体，电磁现象是以太的运动的表现看来，麦克斯韦是把以太作为测出光速 c 的参照系的。后来，以洛伦兹为首的一些物理学家们则明确承认：麦克斯韦方程组仅仅对绝对静止以太参照系才能成立，对其他参照系麦克斯韦方程组都不成立。这样，牛顿力学中少不了的绝对空间在电磁理论中找到了"合法"的地位。

但爱因斯坦认为绝对静止的以太是一个错误的概念，它破坏了物理学中的对称性和统一性。因为，如果有了绝对静止的以太，那么人们显然就可以利用电磁现象来判断惯性系的绝对运动状态。这样，在牛顿力学中作为基础的相对性原理，在麦克斯韦电磁理论中就不再有效。

在牛顿力学中有一个著名的原理叫"伽利略相对性原理"，这个原理告诉我们，根据在惯性系中发生的任何一种现象都无法判断惯性系本身的绝对运动状态。例如，当你乘坐一艘大轮船时，如果你在船舱里，不能看到船外岸上的东西，且船在匀速前进（物理学称为"惯性系"），那么你无论做什么力学实验，都没有办法知道自己是否在运动。你向热

伽利略的匀速行驶的"萨尔维阿蒂大船"上,所有的力学实验,都没有变化

水瓶里倒开水,与在家里倒开水时一样,没有任何不同。伽利略用他的匀速行驶的"萨尔维阿蒂大船"来说明这一点:

> 把你和一些朋友关在一条大船甲板下的主舱里,让你们带着几只苍蝇、蝴蝶和其他小飞虫,舱内放一只大水碗,其中有几条鱼。然后,挂上一个水瓶,让水一滴一滴地滴到下面的一个宽口罐里。船停着不动时,你留神观察:小虫都以等速向舱内各方向飞行,鱼向各个方向随便游动,水滴滴进下面的罐中,你把任何东西扔给你的朋友时,只要距离相等,向这一方向不必比向另一方向用更多的力。你双脚起跳,无论向哪个方向,跳过的距离都相等。在你仔细地观察这些事情之后,再使船以任何速度前进,只要运动是匀速,也不忽左忽右地摆动,你将发现,所有上述现象丝毫没有变化,你也无法从其中任何

一个现象来确定，船是在运动还是停着不动。即使船运动得相当快，在跳跃时，你将和以前一样，在船底板上跳过相同的距离，你跳向船尾花的时间也不会比跳向船头花得多——虽然你跳向船尾时，你脚下的船底板向着你跳的相反方向移动。不论你把什么东西扔给你的同伴时，不论他是在船头还是在船尾，只要你跟他的距离不变，你也并不需要用更多的力。水滴将像先前一样，滴进下面的罐子，一滴也不会滴向船尾。虽然水滴在空中时，船已行驶了一会儿。鱼在水中游向水碗前部所用的力并不比游向水碗后部更大，它们一样悠闲地游向放在水碗边缘任何地方的食饵。最后，蝴蝶和苍蝇继续随便地到处飞行，它们绝不会向船尾集中，它们也并不因为可能长时间停留在空中，脱离了船的运动，就为赶上船的运动而显出累的样子。

萨尔维阿蒂大船表明了一条极为重要的真理：从船中发生的任何一种现象，你无法判断船究竟是在运动还是在停着不动。现在称这个论断为"伽利略相对性原理"。这也就是说，在一个惯性系中能看到的任何现象，在另一个惯性系中必定也能没有任何差别地看到。所有惯性系都是平权的、等价的，不存在一个优越的、绝对的惯性系，以它作为标准来判断其他惯性系的运动。这一原理的建立，是物理思想史上一个重要的突破。

但这个在力学中普遍成立的原理，在麦克斯韦的电磁场理论里不再有效了，因为物理学家们普遍同意，存在着一种"绝对静止的以太"，麦克斯韦方程组得到的光速 c 正是以这种以太作为绝对参照系的；这也就是说，人们可以用"以太"作为绝对参照系，来判断其他惯性系的运动。

在迈克尔逊-莫雷实验以前，几乎没有人认真考虑过这种极不和谐的现象。爱因斯坦经过深入考虑之后，认识到只有把相对性原理提高到"主导原则"上来考虑，才能解决前面提到过的种种不对称性问题。爱因斯坦指出:"诸如此类的例子,引起了一种猜想:绝对静止的概念,不仅在力学中,而且在电动力学中也不符合现象的特性,……我们要把这个猜想(它的内容以后就被称为'相对性原理')提升为公设。"

他还指出,相对性原理是"对自然规律的一条限制性原理"。

扩展相对性原理的适用范围,是20世纪物理学发展历程中一条极重要的指导思想,受益的不仅仅是相对论,量子力学的发展同样也受到这一重要思想的指引。

相对性原理从力学领域扩大到电磁学领域以后,绝对静止的以太自然就被否定了。人们又一次从自己制造的一种绝对概念的束缚中解放出来。但前面提到的严重的困难——光速对所有惯性参照系都不变,与力学中的速度合成法则相矛盾,仍然没有解决。

在"徒劳"地思考这个矛盾一年之后,爱因斯坦终于领悟:问题出在一个最不容易被人怀疑的基本思想观念,即"同时性"的问题上。经典力学中的速度合成法则是以"同时性的绝对性"为基础的,即在所有不同的参照系中,同时性是绝对的。爱因斯坦说:"时间这个概念不能被绝对定义,时间与信号速度之间有不可分的联系。使用新概念,我第一次完满地解决了整个问题。"他还指出:"只要时间的绝对性或同时性的绝对性这条公理不知不觉地留在潜意识里,那么任何想要令人满意地解释这个悖论的尝试,都是注定要失败的。"

由于肯定了同时性在不同惯性参照系里是相对的,爱因斯坦才得以抛弃经典力学的速度合成法则,把光速不变作为一条基本原理,与相对性原理一起,将之作为新力学的理论基础。如果从经典物理学思想来看,这两条原理是无法相容的,但事实上它们在本质上是相容的。

有了这两条基本原理,爱因斯坦便轻而易举地得到不同惯性系时空的变换关系,以及由此而引出的一些运动学和动力学上的种种效应。狭义相对论就这样诞生了。

狭义相对论引出的物理学新思想有以下几个方面。

每个大学生都知道,狭义相对论最初让人们感到最奇妙的冲击是，在飞行的飞船中，时间会变慢和米尺会缩短。这儿我们不得不写出几个数学公式。先讲时间变慢（正式的术语为"时间膨胀"）的公式。

在火车中某一点有一个事件，例如一位旅客的打火机从被打着到火熄灭，车内的人测量这一事件开始（打着火）于 t_1'，结束（火熄灭）于 t_2'，因此在火车中这一事件经历的时间 $t' = t_2' - t_1'$。在站台上的一个人测量这同一事件（旅客打着打火机到火熄灭），其开始时间为 t_1，结束于 t_2，则经历的时间 $t = t_2 - t_1$。在经典物理学中，$t' = t$，即所有参照系中事件经历的时间都绝对相等。但是，在狭义相对论中，$t' \neq t$，二者关系由下面的公式确定：

$$t' = t\sqrt{1 - \frac{v^2}{c^2}}$$

式中 c 为真空中的光速，即 3×10^8 米/秒，v 为火车的速度。因为 c 大于 v，v^2/c^2 大于零，因此 $t' < t$，也就是说，对同一事件，火车上的人经历的时间 t' 比站台上的人所经历的时间 t 要短一些，也就是说，火车上的钟比站台上的钟慢了。

上述变慢公式已被不少实验证明。1941 年美国康奈尔大学的物理学家罗西和霍尔测出，高速运动的 π 粒子的寿命会增加，其原因就在于，在高速运动时，π 粒子的时间变慢了。1966 年及 1971 年，在瑞士日内瓦的欧洲粒子加速器实验室的实验中，将 π 粒子加速到 $0.997c$，结果 π 粒子的寿命增加了 12 倍，与上述时间变慢公式完全相符。1976 年，维索特和莱文把原子时钟装在火箭上，火箭射向太空然后返回，结果也证明了上述公式。

不过，当 v 很小时（即 $v \ll c$），$\frac{v^2}{c^2} \to 0$，所以 $t' \to t$。即在日常生活中，与 c 相比较 v 很小，相对论的时钟变慢效应很小，t' 与 t 的差别小到可以忽略不计。

除了时间变慢以外，还有空间的改变，即在运动方向上长度会缩短。依然以火车为例,火车在 x 轴上运动,在火车上的观察者测量一根米尺在 x 轴上的长度 $l'=x'_2-x'_1$;在站台上的人测量同一根米尺,其长度则为:$l=x_2-x_1$。根据相对论的数学公式推算:

$$l'=l\sqrt{1-\frac{v^2}{c^2}}$$

当火车以速度 v 运动时,c 大于 v,v^2/c^2 也大于零,因而 $l'<l$。这就是说,站台上的人看见火车上的米尺(及所有物体的长度在 x 轴方向上)缩短了,但火车上的人并不知道也不认为他的米尺变短了。

有关时空的观念的变化,还远不止这些,但这儿不是讲相对论的地方,因此只稍稍提及这么多。有兴趣的读者如果想深入了解其中奥秘,可以找合适的书看,这类书多得很。

相对论不仅引起了时空观的巨大变革,而且还使一些传统的物理思想有了重大突破性进展。首先,相对论动力学揭示了物质和运动的内在联系,指出在高速运动中物体的质量明显与运动速度有关,即:

$$m=\frac{m_0}{\sqrt{1-(v^2/c^2)}}$$

式中 m_0 是物体相对于观察者静止时的质量,称之为"静质量";m 是物体相对于观察者以速率 v 运动时所测得的质量,称之为"观测质量"或"相对论性质量"。这个公式说明,质量在牛顿力学中虽然是一个常数,但在相对论力学中却并非一个常数,而是一个取决于速度的量!这的确颇令人困惑不解:一个运动的物体在运动时肯定不会增加"有形的"可称量物质,如果质量果真增加了,则质量就不可能是"物质量的量度"了。这样,质量守恒定律岂不再也不严格成立了吗?这个问题下面将会涉及。

其次,相对论力学可推出一个著名的公式:

$$E=mc^2$$

它说明,一个物体只要它的能量增加,其质量亦将成比例地增加。

在经典力学中,质量和能量之间是相互独立的、没有关系的,但在相对论力学里,能量和质量只不过是物体力学性质的两个不同方面而

汤普金斯先生发现骑车的人难以置信地缩扁了！

（摘自伽莫夫《物理世界奇遇记》）

已。因此，在相对论里，质量这一概念的外延就被大大地扩展了。爱因斯坦指出："于是我们被引到了这样一个更加普遍的结论上来——物体的质量是它所含能量的量度。"

这样一来，原来在经典力学中彼此独立的质量守恒和能量守恒定律结合起来了，成了统一的"质能守恒定律"，它充分反映了物质和运动的统一性。

(2) 3月的论文："最具革命性的"光量子假说

导致20世纪物理学革命的重大问题之一是黑体辐射问题。

在这场革命中，迈出第一步的是年过四十的普朗克。普朗克开始研究热辐射是在1896年。

在做了艰苦的研究之后，1900年10月24日，普朗克在德国物理学会上宣布了自己大胆的假设：光在吸收和发射辐射时，能量不按经典物理学规定的那样必须是连续地吸收和发射，而是按不连续的、以一个最小能量单元整数倍地、一小包一小包地吸收和发射。这个最小的、不可分的能量单元，普朗克称之为"能量子"，其数值大小 $\varepsilon = h\nu$，ν 是光的频率，h 叫"作用量子"，即普朗克常数。以后，人们将这个日子定为"量子论"的诞生之日。

普朗克的量子理论，在发表后近十年内，一直很少受人注意。连普朗克自己都不大相信自己的量子论。到1909年，他还告诫自己和别人："在将作用量子 h 引入理论时，应当尽可能保守从事，这就是说，除非业已表明绝对必要，否则不要改变现有理论。"

但是爱因斯坦却很快把普朗克的量子论"冒失地"向前大大推进了一步。1905年3月，爱因斯坦在一篇文章中指出：光不仅仅是像普朗克所说的那样在发射和吸收时不连续地进行，而且在空间传播时也是不连续的。

德国柏林大学教授普朗克

他把这些不连续的能量子取名为"光量子"（后来称为"光子"）。光的强度取决于光量子在某点上的数目。不过，这数目只是一种统计上的平均值。

爱因斯坦的所谓"启发性观点",就是通过光量子假说断言光具有量子性质,像一个一个极小的粒子。

爱因斯坦的光量子理论,极完满地阐明了十几年来人们一直无法用经典电磁理论解释的"光电效应"这一难题。尽管如此,爱因斯坦的光量子理论一提出来,立即遭到几乎所有物理学家的反对。连首先提出能量子概念的普朗克,也认为爱因斯坦"在其思辨中有时可能走得太远了",并一再告诫物理学家们应以"最谨慎的态度"对待爱因斯坦的光量子说。

爱因斯坦的狭义相对论和光量子假说提出来以后,由于它们太新颖,与经典理论相去太远,所以开始几乎没有人相信。他的一个学生英费尔德曾经说过:"这些新概念的影响是什么?起初几乎一点也没有。……爱因斯坦的论文发表后,并没有潮水般的文章紧随其后,而是过了大约4年光景才开始有反应。"

在科学史上,这种情形相当普遍:越是具有革命性的学说,越是难以被科学界的人接受。爱因斯坦的学说在20世纪之初,具有非常革命性的价值,所以它们一时难以被接受是很正常的事情。但是,到了20世纪20年代,爱因斯坦的学说终于被科学界全部认可,而爱因斯坦本人也顺理成章地成为当时和至今最伟大的物理学家之一。

7/苏黎世大学副教授和引力问题初探

▶ ▶ ▶ ----------------------

在伯尔尼专利局得到了技术专家的职务，这对爱因斯坦来说是人生的一个转折点。他有了不低的稳定收入，经济上获得了独立，不再会因为生活的困顿而绞杀他无与伦比的智慧。而且，他工作不久就与米列娃结了婚。能与自己钟爱的，尤其是可以进行智力交流的女友结秦晋之好，这也是人生一大快事。对于绝大部分的人来说，成家、立业这两件事是人一生中最重要的、甚至是全部的内容。但是对于爱因斯坦来说，职业和家庭并不是生活全部的意义，甚至不是最有意义的部分，他不会因此得到真正的满足。

1905年8月底，他在给哈比希特的信中说："想一想吧，每天8小时工作时间，剩下8小时空闲，还有星期日。"这8小时空闲加上星期日，爱因斯坦用于"课外无聊的消遣"上。这"无聊的消遣"是1905年横空出世的4篇论文，是他在1909年以前的许多划时代的研究成果，其中包括比热容研究和广义相对论的初始研究。可以说，这些"无聊的消遣"才是他生活的真正内容，只有这些研究才会让他得到满足。他曾在《我的世界观》一文中表达了自己的信仰：

> 每个人都有一定的理想，这种理想决定着他的努力和判断的方向。就在这个意义上，我从来不把安逸和享乐看作是生活

目的的本身——这种伦理基础，我叫它猪栏的理想。照亮我的道路，并且不断地给我新的勇气去愉快地正视生活的理想，是善、美和真。……人们所努力追求的庸俗的目标——财产、虚荣、奢侈的生活——我总觉得都是可鄙的。

凡把追求真善美作为生活真谛的人，大都比较喜欢孤独，愿意与周围的人包括自己的亲人保持一定的距离，这样可以使他的思索更深邃和不受制于人。一位叫布莱基的诗人说："交谈使人思维敏锐，但只有在孤独之中，人才能聆听到上帝的声音。"美国诗人爱默生则说："珍惜你的灵魂，驱走你的伙伴，养成独处的习惯，这样，你的才智就会日臻完善。"

但是，爱因斯坦也并非那种丝毫不和外人接触而独自一人发展自己观念的人。他还是愿意与自己选定的伙伴自由地交谈，在年轻时更是如此。在伯尔尼专利局时，他主要的交谈或交流思想的伙伴是贝索和哈比希特。尤其是贝索，当他们不在一起时，他们就用信件交流思想。爱因斯坦虽然钟情孤独，但他也绝不是自我封闭的人。事实上他在谈到自己"实在是一个'孤独的旅客'时"，也强调说："要是没有志同道合者之间的亲切感情，除非全神贯注于客观世界……否则在我看来，生活就会是空虚的。"

德国著名物理学家劳厄

1906年夏天，普朗克的助手劳厄决定到伯尔尼见一见爱因斯坦，因为普朗克对爱因斯坦赞赏有加，而且劳厄本人也有许多问题想同爱因斯坦面谈。劳厄原来以为爱因斯坦至少是伯尔尼大学的教授，哪里知道他要找的天才却只是伯尔尼专利局的职员，这让他着实大吃一惊。他到专利局找爱因斯坦时，又发生了一幕喜剧。劳厄曾把这个故事讲给别人听：

我事先联系好,我到专利局去拜访他。接待室的一个工作人员让我到下一个走廊去,爱因斯坦将在那儿见我。我按他说的走到下一个走廊,这时从对面过来一个年轻人,完全不是我想象中的爱因斯坦,我认为这人绝不可能是相对论之父!因此我让他从我身边走过。在他从接待室转身回来时,我才做了自我介绍。至于我们所讨论的问题,我只记得几个细节,但我的确记得他给我的那支烟的滋味太令人难受了,我从桥上把它扔进了阿勒河。

接着,两个人边谈边经过市区,来到国会大厦的高平台上观看伯尔尼全景。劳厄来到瑞士时,曾经爬了几座海拔有 4000 米的高山,因此劳厄非常热情地向爱因斯坦讲述爬山时的种种乐趣。但爱因斯坦对爬山全无兴趣,还说:"我不明白,怎么会有人喜欢到山上去玩。"

这次会晤成了两人毕生友谊的开端。

(1) 引力问题初探

对爱因斯坦来说,"幸运年"1905 年过去以后,他并没有因为等待科学界接受他的研究成果而白白浪费时间,他继续不断地发表新的研究成果。除了继续研究狭义相对论和量子论,这儿特别要提到的是他于 1907 年发表在《放射学和电子学年鉴》上的文章《关于相对性原理和由此得出的结论》。在这篇文章中,爱因斯坦不仅完成了著名的质能方程 $E = mc^2$,还提到一个重要的思想:把狭义相对论发展成为广义相对论。因此,1907 年也是科学史上有纪念意义的一年,对爱因斯坦来说也是值得大书特书的一年。

这篇重要的论文是爱因斯坦应斯塔克的邀请而写的,斯塔克那时正担任《放射学和电子学年鉴》(下称《年鉴》)的编辑。1907 年 9 月 25 日,爱因斯坦写信给斯塔克,答应为《年鉴》写一篇综述相对论的

德国物理学家斯塔克

文章。11月1日,爱因斯坦再次写信给斯塔克说:"为你的《年鉴》写的文章的第一部分已经写好了;正在少得可怜的时间里热情地写作第二部分。"本来原定的写作内容是关于狭义相对论的问题,但在写作过程中它却引起了爱因斯坦对另一个重大问题——广义相对论——的思考。看看爱因斯坦在1922年年底是怎么说的:

关于广义相对论的设想是……1907年开始的。这种想法来得很突然,当时我对狭义相对论并不那么满意,因为它被严格限制在相互之间具有恒定速度的参照系之中,它不适用于一个做任意运动的参照系,于是我极力想把这一限制取消,以使这一理论能在更一般的情况下也有意义。

1907年,斯塔克要求我写一篇关于狭义相对论的专题文章。在准备这篇文章时,我开始认识到,除了引力定律以外,其他一切自然规律都可以纳入狭义相对论的框架之中。我试图找到其中的原因,但事情并不那么简单。最不令人满意的是,尽管惯性和能量之间的关系在狭义相对论中已经明确解决了,但是惯性与质量(或者说引力场的能量)之间的关系并不清楚。我认为这个问题不可能在狭义相对论的框架中得到解决。

有一天,我突然找到了这个难题的突破点。那天,我坐在伯尔尼专利局的办公室里,脑子里突然闪现了一个念头:如果一个人正处于自由下落之中,他绝不会感到有重力。我大吃一惊,这个简单的想象给我的印象太深了,它使我由此找到了新的引力理论。我接着往下想:一个自由下落的人在做加速运动,那么在这个加速参照系里他有什么感觉?他会做出什么判断?我决定把相对论扩展到加速参照系里。我感到,在做这种扩展的同时我将会解决引力问题。一个自由下落的人之所以感觉不到重力,是因为在他的加速系中,同时还存在一个新的引力场,它将地球的引力场抵消了。这就是说,在加速参照系中我们需要一个新的引力场。

在自由下落的电梯(即"爱因斯坦电梯")中,里面的人觉得没有重力存在了,苹果和羽毛与人相对静止;而另外一个人可以在电梯的墙上行走

由以上爱因斯坦的回忆，我们可以清楚地看出，爱因斯坦在1907年就已经提到了作为广义相对论基础的两条基本原理：(1) 广义相对性原理；(2) 等效原理。其中等效原理的提出，作为一个令人惊诧的思维过程，是值得详细探讨的。

爱因斯坦在研究引力问题时，特别重视引力质量与惯性质量相等这一个两百多年来就为人们熟知但又不知其所以然的事实。他曾这样说过：

> 在引力场中，一切物体都具有相同的加速度。这条定律也可以表述为"惯性质量同引力质量相等"的定律。它当时就使我认识到它的全部重要性。我为它的存在感到极为惊奇，并猜想其中必定有一把可以更加深入地了解惯性和引力的钥匙。

1907年，爱因斯坦已经认识到，惯性质量和引力质量相等的实验事实，完全可以用另一个新的物理概念来表述：引力的本性就在于引力能够在某种参照系（如爱因斯坦电梯）中局部地消除，这就是"等效原理"。

更令爱因斯坦高兴的是，有了等效原理就可以将相对性原理扩展到非惯性系中。也就是说，我们根本不可能通过任何实验来发现参照系（如爱因斯坦电梯）本身的运动，即绝对运动。不仅不能发现绝对速度，连绝对加速度也不能发现。爱因斯坦说："我们不可能说什么参照系的绝对加速度，正像狭义相对论不允许我们谈论一个参照系的绝对速度一样。"

由于爱因斯坦在1907年12月4日的《关于相对性原理和由此得出的结论》文章中，首次提出了广义相对论的两个基本假设，并分析了由此引出的若干结论，人们通常将这篇文章看成是广义相对论创始的起点，具有里程碑的意义。但正如爱因斯坦所说的那样，在当时他还根本不可能把出现的新问题一下子完全解决，尤其是他还缺乏描述新物理学

比萨斜塔实验:一切物体具有相同的加速度,所以两个大小不同的球在同时下落时,将会同时落地

的数学语言，欧几里得几何不再适用于加速参照系，而黎曼几何他还不知道。直到1912年他才找到了合适的语言，新遇到的问题才得以解决。又过了三年，到1915年11月25日，广义相对论才最终建成。这是后话，现在还是回到1907年的伯尔尼。

（2）希望到大学任教

在1905年前后，爱因斯坦十分满意专利局的工作，尤其是8小时之外，还有8小时"醒着"的时间，再加上整整一个星期天可以让他思索科学问题。但到1907年开始思索更复杂的广义相对论以后，他逐渐感到专利局8小时的工作妨碍了他的科学思考。1908年12月14日，他给斯塔克的信中写道："在专利局每天有8小时的紧张工作，有那么多的通信和研究——您也知道那是什么情况。我的工作是不能令人满意的，因为我抽不出时间来开展它。"

他的朋友劳厄在1908年3月1日写的信，恐怕也曾触动了他的思绪。劳厄从维尔茨堡写信给他说："我必须承认，得知你每天能够在办公室里坐8个小时，实在非常惊诧！但是，历史总是充满让人无法释怀的笑话。"

言下之意是爱因斯坦应该是教授，应该在大学任职而不应该是专利局出色的奴隶。以上种种原因，使得爱因斯坦有了离开专利局的打算，去谋求一个教学的职位，他认为只有这样才能充分发展他的科学概念。何况这时爱因斯坦已经在德国有了相当的名气，1908年他被邀请到德国的科隆参加一年一度的自然科学家和医生协会的年会，他虽没有参加，但这足够说明他在科学界已经占有一席之地，还有不少科学家已经认识到爱因斯坦是未来科学的希望之星，因此对于他还在专利局工作都表示无法理解。

实际上，爱因斯坦在1907年年末就有离开伯尔尼专利局到大学当教授的打算。如果真要去大学任职，按规定他要呈送一篇论文给大学当

伯尔尼大学，爱因斯坦曾在这儿担任编外讲师之职

局，于是，他把1905年发表的那篇提出狭义相对论的文章呈送给伯尔尼大学。奇怪的是，伯尔尼大学把这篇已经开始受人重视的论文退回给爱因斯坦，理由之一是内容不可理解！这件让爱因斯坦十分生气的"趣事"，恐怕是伯尔尼大学校史上一段不算光彩的事吧？

爱因斯坦接受克莱纳教授的建议，首先给伯尔尼大学交一篇资格论文，申请成为该大学的编外讲师；有了这一头衔，他再去追逐苏黎世大学将设立的理论物理学的副教授之职。1908年2月28日，爱因斯坦做了试讲。这一次一切顺利，他很快被任命为伯尔尼大学编外讲师，并于当年夏天开始授课。

这可不是什么有利可图的事，这种职务没有工资，由听课人交的学费作为报酬；编外讲师开的课都不是公共大课，而是一些冷僻的专业课，所以听讲的人很少，收入也十分微薄。事实上，爱因斯坦的课只有三个朋友来听，他们是专利局的贝索、申克和邮电局的沙万。到了冬季，来了第四个学生斯特恩，他是一位数学系的学生，但对自然科学很有兴趣。

爱因斯坦算不上是一个好教师，他也不想改变自己的外表和风格。有一件趣事颇能说明这一点。当时在苏黎世有许多从俄罗斯来的犹太人，他们因为贫穷而衣衫褴褛，颇为当地人所瞧不起。爱因斯坦的妹妹玛雅在苏黎世大学读书，有一次她想去听哥哥的课，就问门房她的哥哥爱因斯坦博士在哪一间房上课，由于她穿戴整洁和稍稍讲究，那门房竟然惊讶地瞪着玛雅说：

"什么？那个……那个俄国佬……是您的哥哥？"

瞧，爱因斯坦那副打扮连门房都瞧不起！

到 1909 年夏季，只剩下斯特恩一个人听课，爱因斯坦只得取消了这门课。恐怕这也正是他求之不得的，自从上课以来，他更是忙得不可开交，白天专利局的班得照上，他还得为每周两次课做准备，他哪还有时间去思考和发展他的新科学概念呀？不过，这番努力也终于换来了他梦寐以求的大学职位。

1909 年春天，已经被选为苏黎世大学校长的克莱纳，终于把设置理论物理学副教授职位的事办成功了，剩下的问题是由谁来担任这一职务。这可是一件更复杂的事情，涉及政治、学术、私人感情等各个方面，根本不可能克莱纳一人说了算。克莱纳以前有一个助手叫阿德勒，也是这一职位的强有力的候选人，克莱纳对他也颇中意。阿德勒是爱因斯坦的朋友，而且品格高尚，虽然他很想得到这个职位，但他觉得爱因斯坦比他更合适。他极力推荐爱因斯坦担任这一职务，并极力让上级教育部门了解爱因斯坦罕见的天才，指出这一职务非他莫属。阿德勒的陈述果然说服了学校的教授们，他们决定投票赞成爱因斯坦担任此职。1908 年 6 月 19 日，阿德勒高兴地给他父亲写信，谈到这件事情：

1908年的苏黎世大学

我忘了告诉你谁最可能得到副教授的职位——这个人按照道理和一般人的意见比我更应该得到这个职位；如果他得到了，我肯定会为他高兴。这个人叫爱因斯坦，他是我的同学，我们曾经一起听课。……这里的有关人士一方面因为过去慢待了他而感到内疚，一方面也认为像爱因斯坦这样的科学家竟然还待在专利局，不仅在这儿而且在整个德国将是一个笑话，一个天大的讽刺。……客观地说，如果一切如我所料，这将是一件好事。经过如此多的困难，他终于成为一名教授，这说明一个人可以做到他想做的事，这是何等让人振奋的事啊！

克莱纳写信告诉爱因斯坦，说如果爱因斯坦能到苏黎世来试讲以表现他的讲课才能，苏黎世将表示欢迎。

爱因斯坦没有放弃这次机会。1909年2月中旬，爱因斯坦在苏黎世物理学会做了试讲。这次讲课获得成功，后来他说："这次我改变了以前的坏习惯，所以这次课讲得很好。"

回到伯尔尼后不久，爱因斯坦迫不及待地于2月12日打电话问克莱纳，克莱纳"仁慈地"告诉了他试讲的结果，言下之意是好结果将很快出来。2月15日，爱因斯坦又把这消息告诉给了以前的同学埃拉特，他在苏黎世试讲时就住在埃拉特家里。不久，克莱纳写信给爱因斯坦，要爱因斯坦将履历寄给他，并问爱因斯坦下学期是否可以上课。爱因斯坦于2月25日回信，说下学期可以上课，并寄去了履历。爱因斯坦原以为正式通知很快会寄给他，但事实上直到5月7日他才接到正式任命书：苏黎世州政府任命爱因斯坦为任期6年的副教授，工资每月4500法郎（与专利局工资一样）。这件事之所以拖了三个月，其间很重要的一个原因是爱因斯坦是一个犹太人。当时瑞士有比较普遍的反犹太人思想，所以学校和政府部门在决定任用爱因斯坦时，表现出十分的谨慎，尤其是州的教育董事会。幸亏阿德勒各方奔走解释，一再强调爱因斯坦是最好的物理学家，由他担任这一职务是再合适不过的了。他对许多人说："如果我们的学校能够得到像爱因斯坦这样的人而不用，反而用我，那将是非常荒谬的。在物理学领域里的造诣，我简直不能与爱因斯坦相提并论！"阿德勒以坦诚的心怀，终于说服了众人。

1909年7月6日，爱因斯坦正式向专利局提出辞职（10月15日生效），同时他也辞去了伯尔尼大学编外讲师的职务。他和米列娃及时把家迁到了苏黎世，因为他将在10月15日正式开始上课。

(3) 苏黎世大学副教授

在他正式向专利局提出辞职后的第三天，即7月8日，爱因斯坦收到一封信，漫不经心的爱因斯坦看见那华丽的信封和信纸，以为与他没什么关系，竟没有仔细看就扔进了废纸篓中，后来才知道自己差一点误了接受第一个荣誉博士学位的大事。这桩故事，后来在泽利希写的《爱因斯坦传》中有详细记载。1952年，泽利希写信问爱因斯坦获得第一个荣誉博士学位的详情。爱因斯坦在回信中回答了这个询问，他写道：

> 有一天，我在伯尔尼专利局收到一个大信封，里面装着一张精美华丽的纸片，纸片上用花体字（我甚至认为是拉丁文）印了一些似乎与我无关的并且毫无意义的东西，因此我顺手把它扔进了办公室的废纸篓里。后来我才知道，那是邀请我去参加日内瓦大学创建350周年庆祝典礼的请帖，上面还宣布我已经被授予日内瓦大学荣誉博士学位……

日内瓦大学因为一直没有收到爱因斯坦的回信，就请爱因斯坦的朋友沙万劝说他到日内瓦参加会议。下面我们来看看爱因斯坦的回忆：

> ……他们请我的朋友和学生卢西恩·沙万从中劝说。沙万是日内瓦人，当时住在伯尔尼。他劝我去日内瓦参加庆典，他并没有多做什么解释，只说这是怎么也推辞不了的。
>
> 就这样，我在指定的日期来到了日内瓦。那天晚上，在我们下榻的那家旅馆的餐厅里，我遇见了几位苏黎世的教授。……他们各自说了自己是以什么资格来的。他们看见我一言不发，就问起我来，我不得不承认我完全不知道自己是以什么资格来的。可是他们什么都知道，并把内情告诉我。第二天，人们要我和一批学者列队而行，由于我随身只带了一顶草帽，穿的又是平时穿的便服，所以我本想溜到一边去，但庆典主持人根本不接受我的意见。由于我的加入，这次庆典活动显得十分滑稽。

天公不作美,那天雨下得很大。参加纪念加尔文创建日内瓦大学350周年庆典的人群列队沿着日内瓦古城狭窄的街道向圣彼得大教堂走去,戴着草帽的爱因斯坦在穿着典雅的人群中显眼而滑稽。然后,人们又到维多利亚音乐大厅举行庆典。庆典中,有110人被授予了名誉博士学位,其中包括已经获得过诺贝尔奖的居里夫人和奥斯特瓦尔德,当然也包括第一次参加这么大庆祝活动的爱因斯坦。

让我们再次回到爱因斯坦有趣而又带有讽刺的描述中来:

> 庆典活动尾声,是丰盛豪华的宴会,这是我一生中所参加过的最豪华的宴会。我问坐在我身边的一位日内瓦的显贵:"如果加尔文还健在,您知道他来到这儿会干些什么吗?"他说他不知道,并反问我意下如何。我说:"他肯定会点燃熊熊烈火,把我们这些有罪的贪吃鬼统统烧死。"那位显贵再也没有吭声。这就是我对这次值得纪念的庆祝活动的回忆。

在10月15日正式上课之前,爱因斯坦还要出席9月19日到25日在萨尔茨堡举行的第81届德国自然科学家和医生协会的年会,而且,9月21日下午,他还要在物理分组做演讲。

让与会者感到奇怪的是,爱因斯坦只稍微提了一下相对论,却重点谈起了光的本质。在开始演讲后不久,他就说:

> 不容否认的是,有广泛的事实表明,光具有某些属性,要解释这些属性,用牛顿的发射论观点要比用光的波动论观点好得多。因此,我认为,理论物理学发展的随后一个阶段,将给我们带来这样一种光学理论——它可以被认为是光的波动论和粒子论的某种综合。对这种见解做出论证,并且指出深刻地改变我们的关于光的本质和组成的观点是不可避免的,这就是下面所讲的目的。

在演讲的结尾，对于波动-粒子二象性的图像，他再次谨慎地说："关于这种图像，迄今为止还没有一个严格的理论，不应给它以特殊的评价，也用不着对它加以强调。"

在1909年人们对光量子还采取拒斥态度时，爱因斯坦就已经以远远超前于科学共同体能达到的水准，坚持认为在光学理论中，波动和粒子图像不会彼此排斥，而是可以彼此相容的。这种远见卓识，实在让人惊叹。

虽然在萨尔茨堡会议中，没有任何人能理解爱因斯坦，但是通过这次会议，他终于走出了伯尔尼、苏黎世的小世界，来到众多一流科学家的大世界中，认识和结交了许多朋友，彼此间交流了不同的观点；而且由于相对论的巨大成就，爱因斯坦在会上强调的光辐射问题真正开始受到了重视，爱因斯坦期望"有人能够关注这个问题"，可以说他的目的达到了。辐射的问题不久就成了最热门的课题，而且重大的突破也即将接连到来。用泡利的话来说，爱因斯坦在萨尔茨堡的演讲，可以被看成是"理论物理学的转折点之一"。

苏黎世大学和当时的校长克莱纳终于做了一件不后悔的事：在爱因斯坦参加萨尔茨堡会议之前让他成为该大学的副教授，薪水也给得算是合理。从萨尔茨堡回到苏黎世后，爱因斯坦开始了他的教授生涯，此后他再也没有改变他的职业。

正式上课以后，他的感觉还不错，也喜欢这种新的工作。11月17日他写信给贝索说："我很喜欢我的新职位。教学是一件很愉快的事，虽然开始的时候我要做大量的工作。"

尽管爱因斯坦的讲课带来一些新颖的内容和风气，以及他被邀参加萨尔茨堡会议，但是由于他仍然不注重自己的教授形象，穿着皱巴巴的旧衣，裤子又总是短一截，这种与瑞士和德国教授形象天差地别的打扮，自然会影响人们对他的评价，因此在苏黎世，还没有人认为他有朝一日会成为世界科学的超级明星。1910年3月，德国柏林大学教授兼柏林大学化学研究所的所长能斯脱专程来苏黎世大学拜访爱因斯坦，让

爱因斯坦穿的衣服似乎总不太合身

苏黎世大学的教授和学生大吃一惊。后来，能斯脱当年的助手赫维西说，能斯脱的造访"使爱因斯坦在苏黎世名声大震"。苏黎世的人说："既然伟大的能斯脱都从柏林专程来与爱因斯坦讨论问题，那这个爱因斯坦一定是一个聪明的家伙。"

能斯脱在一般人心目中的确很了不起，这不仅因为他是柏林大学的教授、研究所所长，还因为他有一个专利竟然卖了100万金马克！这可真是一个了不得的人物呀！连这样了得的人都来向爱因斯坦求教，那爱因斯坦当然是非同一般的人物了。这种评价虽然并不深刻，却十分准确。能斯脱的确是有一个重要问题向爱因斯坦请教，而且由于他的虚心请教，量子论的命运有了大的改变，而爱因斯坦的名声也再次大大提升。

能斯脱能够礼贤下士，亲自从柏林到苏黎世拜访爱因斯坦，使爱因斯坦非常满意。

过了4个月，又有一位著名的德国教授来苏黎世拜访爱因斯坦，他就是慕尼黑大学理论物理学教授索末菲。慕尼黑大学的同事们一定十分惊讶，学期还没结束，索末菲就迫不及待地离开了慕尼黑，说要到苏黎世去疗养，实际上他到苏黎世是为了和爱因斯坦讨论两人都非常关注的光的波粒二象性的问题。爱因斯坦知道索末菲要来苏黎世与他讨论光的本性问题，虽然十分高兴，但也有点担心，因为从1905年提出光量子假

德国著名化学家能斯脱

说伊始，他就为光的粒子性与波动性能否相容而大伤脑筋。虽说在1909年萨尔茨堡会议上他表示它们一定会相容，但他没有构造出任何有价值的理论模型能够同时容纳这两种图景，以致他7月10日写信给索末菲时还叹息地说："恐怕只有上帝才能解开这个谜吧。"

他们在一起讨论了一周，虽然十分愉快，也加强了对彼此的了解，但并没有取得任何突破性的结果。

很可能是受到与索末菲讨论的刺激，爱因斯坦在1910年剩下的时间里，在光的本性问题上做了很大的努力。

德国著名物理学家索末菲

8/布拉格的教授

▶ ▶ ▶ ----------------------

1910年4月4日，这时距爱因斯坦正式在苏黎世大学授课约有半年，他在一封给母亲的信中写道："我极有可能接受另一所规模很大的大学的聘请，该大学将给予正教授的待遇，工资也将比现在的多许多。只是我暂时不被准许说出这所大学的名字。"

这所大学就是布拉格大学①。布拉格大学是欧洲最古老的大学之一，在19世纪80年代，奥地利政府为使斯拉夫国家日耳曼化，强行将这所大学一分为二，成为德国大学和捷克大学。德国大学的首任校长是爱因斯坦年轻时代就十分崇敬的恩斯特·马赫。1895年，马赫离开布拉格到维也纳大学任教。1910年夏季，物理系的利皮希教授将要退休，因此需要聘请一位教授顶替空缺的职位。物理系组织了一个调查委员会，以确定人选。委员会的主任是实验物理学家兰帕，他在萨尔茨堡目睹了爱因斯坦的风采，也了解到爱因斯坦是未来的科学巨星，而且爱因斯坦很推崇马赫和马赫的理论，因此兰帕十分希望爱因斯坦来德国大学任职。他事先探听过爱因斯坦的想法，得知爱因斯坦很愿意应聘这一职位。

---

① 即布拉格查理大学。1867年奥地利帝国和匈牙利王国组成奥匈帝国，至第一次世界大战结束，波西米亚（捷克）都处于奥匈帝国的统治之下，布拉格长期为波西米亚地区中心城市。19世纪末20世纪初，波西米亚兴起捷克民族主义运动，受此影响，1882年，布拉格查理大学被一分为二——德语查理大学和捷克语查理大学，也就是下文说的德国大学和捷克大学。书中所用的大学名称为作者原来的译法。

1914 年米列娃和她的两个儿子汉斯、爱德华（左）

正在爱因斯坦忙于应聘时，爱因斯坦的第二个儿子爱德华于 1910 年 7 月 28 日出生。

关于布拉格的任命迟迟没有消息，但是爱因斯坦很希望这事能够成功。虽然在苏黎世很舒适，尤其是米列娃很喜欢苏黎世，她对于搬到一个陌生的斯拉夫国家去很不情愿，但爱因斯坦深感自己这个副教授在地位上比正教授低很多，尤其是缺乏独立工作的条件，难以发挥他的积极性，所以他下决心要抓住这个难得的机遇。

1911 年新年伊始，约瑟夫皇帝于 1 月 6 日正式批准了对爱因斯坦的任命；1 月 13 日，德国大学正式通知了爱因斯坦。爱因斯坦收到通知后，于 1 月 20 日向苏黎世教育当局申请学期终了时辞去副教授之职；2 月 20 日申请被批准。

1911 年 4 月 1 日，爱因斯坦来到布拉格。

(1) 美丽的布拉格

当爱因斯坦于1911年到德国大学就任时，布拉格的种族矛盾十分尖锐。布拉格市90％是捷克人，但却由只占全市人口10％的德国人控制政治、经济和社会生活的方方面面。德国人和捷克人之间充满敌意，捷克人拒绝讲德语，德国人当然更不屑于讲捷克语。两所大学虽说由一个母体分解而成，但彼此之间根本谈不上有什么创造性的交流，有的只是彼此之间的敌意。

爱因斯坦到布拉格不久就写信给格罗斯曼说："在这里我很开心。"但很快他就发觉在平静生活表面之下的潜流充满着非常令人担心的敌意，他感到很不习惯。7月6日，他写信给沙万说："这儿让我感到十分陌生，生活也不如在瑞士那样令人感到愉快。这儿的水还必须烧开了才能喝。居民大都不懂德语，行为举止上显示出对德国人的敌意。"对于德国人，爱因斯坦也不喜欢他们的势利、奴性、感情的缺乏和热衷于炫耀自己的奢侈，他认为布拉格的德国人"思想贫乏，没有忠诚可言"。

爱因斯坦一定大为失望，从他给朋友的信中可以看出，他对布拉格没有什么好感，也不会在布拉格久留。他的一个学生奥托·斯特恩曾回忆说："爱因斯坦在布拉格感到极为孤独，那儿虽然有4所大学，但是爱因斯坦却没有兴趣与其中任何一个人交谈。"

让爱因斯坦恼火的还有奥地利官僚主义的烦琐文字"游戏"，他对朋友抱怨说："我每天都要无休止地填一些没有任何用处的表格。"他甚至还激动地说："什么时候才能停止这种浪费时间、浪费笔墨的事情啊！"

还有一件可笑的事一直是趣谈。在奥地利政府管理的大学里，教授是政府任命的官员，因此教授们必须要有一套样子有点像海军军官制服的"官服"：一顶镶翎的三角形帽子，镶有宽大金边的外衣和长裤，一件暖和的黑外套，还有一把长长的佩剑。整个一个军官的打扮！平时不能穿,只有在宣誓就职或荣获皇帝召见时才穿。爱因斯坦不能例外,也制备了一套,但他只穿过一次。当1912年他离开布拉格回苏黎世联邦理工大学任职时,他半价把它卖给了顶替他的职务的弗兰克。他的大儿子汉斯知道爸爸将卖掉这威风凛凛的将军制服时,要求爸爸穿上这套制服带他到街上走一趟。爱因斯坦听了大笑,说:"没问题!顶多让别人以为我是一个巴西的将军!"

布拉格和德国大学对爱因斯坦的到来十分重视。他一到达布拉格,当地就为他的到来举行了盛大的欢迎庆典,《布拉格日报》和其他所有报纸都报道了这一庆典,并充分强调爱因斯坦在物理学不同领域里取得的重大成就。

5月24日,在德国自然科学家和医生协会的布拉格分会上,爱因斯坦发表了演讲,这个演讲轰动了布拉格。德国数学家柯瓦列夫斯基曾回忆说:"布拉格知识界的人物几乎云集于此,把巨大的会议室挤得满满的。爱因斯坦显得十分谦虚。他讲得生动活泼、清晰明确,丝毫不夸张矜持,不时来一点意外的幽默……大家都被他征服了。很多听众十分惊讶,原来相对论并不像人们想象的那么复杂难懂。"

除了盛情的欢迎以外,还让爱因斯坦感到高兴的是布拉格和大学校园都十分美丽,他住的房子也令人满意。他住在一幢位于新城边缘的楼房的三楼,宽敞明亮的书房里,有4个大窗户对着有石墙围绕的安静的花园,他有很多时间不受干扰地在书房里或花园里思考引力问题。大学图书馆的藏书十分丰富,这也让爱因斯坦高兴。有些事本来让他烦恼和厌恶,好在他可以用快乐的方式解决它们。例如,他到大学任教授,按惯

美丽而古老的布拉格

例他要拜访本系 40 来位教授,这件事对他来说简直是一场灾难。为了让自己完成这一简直是沉重负担的任务,他以建筑美学为标准排定他的访问顺序,这样可以使他的拜访与美学欣赏结合起来。但是他没有料到这种访问方法使有些教授对他十分不满,怀疑他故意显出对职务等级的蔑视,因为建筑的美学标准与职务等级并不一定一致。好在爱因斯坦从来就喜欢特立独行、天马行空,哪会在乎这个怀疑、那个猜测呢?拜访结束后,爱因斯坦对这座古城有了兴趣,闲暇时常常逛布拉格。一位俄国作家库兹涅佐夫生动地描述了爱因斯坦游逛布拉格的故事:

> 爱因斯坦终于停止了礼访,因此他还是没有完成必须履行的规章。不过,他继续游逛布拉格。这座具有古老的房舍、市政厅、教堂、钟楼、葱绿的花园和公园的城市使他着迷。他沿着把城市分为两半的伏尔塔瓦河走下去,还在远处就对那出人意料的景色——真正的奇迹——感到欣喜:饰有 15 世纪雕塑的横跨伏尔塔瓦河的查理大桥。他顺着这座桥走到对岸,欣赏"布拉格的威尼斯"——建造在伏尔塔瓦河上的水上宫殿。然后,爱因斯坦来到赫拉德昌斯基广场。在这里,迎接他的是各种各样的和谐的建筑形式,其中凝结着捷克民族上千年的劳动。这种和谐之所以如此自然,是因为它是历史的自然过程创造出来的,并且似乎象征着某种理性。爱因斯坦在赫拉德昌斯基广场瞻仰了 12 世纪建造的圣乔治的罗马教堂,然后从圣维特大教堂的拱门下穿过。大教堂合理的结构形式与其说是中世纪宗教精神的

布拉格古老肃穆的教堂

体现，不如说是14世纪力学之美的体现。然后，爱因斯坦下山，走过黄金小巷（中世纪布拉格的手工业区）时，看见了保存下来的中世纪的住宅和环境，当时的人们积累了经验知识，为文艺复兴、新的世界图像做了准备……在15世纪初建成的提恩教堂里，有著名天文学家第谷·布拉赫的陵墓。第谷在捷克的首都度过了自己短暂一生的最后几年，也是在这里，他给开普勒留下了大量天文观测的记录。

布拉格确实美丽而吸引人，但是爱因斯坦在毫无个性的布拉格教授群中感到很不自在。他本人谦逊、善良、随和，还喜欢在讲课或谈话中不时插入一些幽默的话。这些优点虽然给他带来了许多朋友，但也为他招来了不少敌人。当他对大学教授和仆役们用同样随和亲切的态度讲话时，那些故作高傲、自视了不起的教授们会愤怒地认为他在故意向严格的等级制度挑战；当他在讲课中甩开千篇一律的教条而讲述科学的最近进展甚至是自己的研究，而且不时插入一些幽默语言让大学生不由自主地大笑时，那群胡子向上翘的教授们又愤怒了，指责他对待科学不严肃、亵渎了神圣的殿堂……好在爱因斯坦不在乎别人的喊喊喳喳。

但是布拉格也有出类拔萃的人物，更有优秀的来访者，使爱因斯坦有可以热心交谈的对象。大学同事中有一位执教数学的匹克教授和爱因斯坦很谈得来。这位年满五十的数学教授和兰帕教授一样，也是马赫的信徒，对物理学问题也很有兴趣；更妙的是，匹克的小提琴拉得很不错，通过他，爱因斯坦认识了不少音乐爱好者，于是室内音乐演奏成了爱因斯坦在布拉格的大事之一。

爱因斯坦在布拉格继续思考引力问题时，遇到了数学上的困难。1912年他曾经对索末菲说："此时此刻，引力问题占据了我所有的心思，有一件事是确定的——我一生中从来没有如此痛苦过。和引力问题比较起来，狭义相对论有如儿戏。"恰好这时，匹克教授成了与他讨论数学的伙伴，而且正是匹克教授的意见，促使爱因斯坦认真阅读

爱因斯坦的好友埃伦菲斯特

了两位意大利数学家里奇和勒维-契维塔的著作,使他有了解决引力问题的数学工具。

更让爱因斯坦高兴的是,1912年2月从俄国来布拉格拜访他的埃伦菲斯特成了此后爱因斯坦最好的朋友。

埃伦菲斯特于1880年1月18日出生在维也纳,只比爱因斯坦小十个月,也是犹太人。他读过爱因斯坦的文章,并且立即充分理解了爱因斯坦思想的深邃和胆量,分享了爱因斯坦的欢乐。他写信给爱因斯坦,希望能拜访他,与他面谈。爱因斯坦收到信后立即于1912年1月回信说,他很愿意在家中见到埃伦菲斯特。

埃伦菲斯特于2月23日来到布拉格。当他下车时,含着雪茄的爱因斯坦及其夫人米列娃已在车站恭候,然后他们三人一同去了一间咖啡馆,谈论维也纳、布拉格和苏黎世。当米列娃离开咖啡馆回家后,他们两人立即谈起物理学。后来他们俩向大学的物理研究所走去，边走边争论着。他们的讨论中断了几个小时，因为爱因斯坦要参加一场事先约好了的弦乐四重奏。晚上，两人在爱因斯坦家中又谈起物理学，一边喝茶一边谈，一直谈到深夜1点半。

2月25日是星期日，他们一起演奏勃拉姆斯的钢琴和小提琴奏鸣曲。埃伦菲斯特在日记里写道："我们成了朋友，快乐极了。"他还写道："爱因斯坦推着婴儿车，常常在小孩子听得见的地方说一些粗话。"他还注意到爱因斯坦的外套上有一个破洞。他们在谈论物理学的时候，爱因斯坦当然忘不了和埃伦菲斯特谈他最近思考的引力问题，我们知道，这正是广义相对论的胚芽。

爱因斯坦在布拉格的最后一个学期里，一位刚刚从布雷斯劳大学毕业的大学生奥托·斯特恩来到布拉格，想拜爱因斯坦为师，学习热力学。斯特恩的选择实在幸运，他正是在爱因斯坦这儿学到了有关量子理论的许多知识，因为爱因斯坦只有斯特恩这唯一的伙伴可以与之交谈量子论。1922年，斯特恩与格拉赫合作用实验证实空间量子化，并因此获得1943年的诺贝尔物理学奖。

1912年的爱因斯坦，摄于布拉格

斯特恩第一次见到爱因斯坦的情形十分有趣。在没有见到以前，他原以为爱因斯坦一定是一个留着大胡子的非常严厉可怕的教授，但他在研究所找不到想象中的"爱因斯坦"，直到最后他才发现"一位不穿外套、不系领带的人坐在一张桌子后面，他穿着一件有点像意大利修路工人穿的衬衣，衣服后背上还有一个撕破了的大的三角形口子。他就是爱因斯坦，他真是好极了的一个人。"

幸好有这几位朋友和学生，才使爱因斯坦在布拉格任教的一年时间里，不至于寂寞得无人交谈科学问题。爱因斯坦虽然喜欢孤独，但他身边不能没有人倾听他的思考结果，不能没有人与他争论刚成形的理论模型。

（2）第一届索尔维会议

1911年6月中旬，爱因斯坦收到一封让他十分吃惊和高兴的信。这封信是比利时工业化学家索尔维通过能斯脱转交给爱因斯坦的信，信中说请爱因斯坦亲临这年秋季在布鲁塞尔举行的一次会议，会上将专门讨论辐射和量子理论的现状。6月20日爱因斯坦给能斯脱回信说："十分高兴能参加布鲁塞尔的会议，对指定我发言的内容我一定按时完成。我看了整个会议的程序，我对它很有兴趣，我想您一定是这次会议的倡导者和策划人。"

爱因斯坦没有说错，能斯脱的确是这次会议的策划人之一，但事情还得从索尔维讲起。索尔维是比利时的化学家，没有受过什么正式的教育，但是由于他的父亲是制盐厂厂主，他从小就生活在工业化学氛围很浓的环境中，受此熏陶，很早就喜欢做各种化学和电学方面的实验。他喜欢学习，自学了许多化学方面的知识。他的叔父经营一家煤气工厂，年轻的索尔维被任命为叔父的助手。在此期间，他成功地完成了几项洗涤煤气的实验。在实验中，他发现洗涤煤气后的水中含有氨和二氧化碳，他想，如果吸附、浓缩水中的氨，也许能够得到有用的副产品。结果，他发现了非常经济的制造碳酸氢钠的方法。此后，由于他经营得法，终于成了世界上著名的工业家。到了晚年，他把获得的财富捐赠给许多学校，帮助穷人的孩子进校读书。

索尔维虽然没有多高的学历，但在工作之余却十分喜欢自己做些研究，也非常希望同著名科学家讨论他的发现。他自己提出了一个关于引力和物质的奇特理论，还将它们写进《引力-物质基本原理的建立》一书中，该书于1911年在布鲁塞尔出版。他的"理论"一定稀奇古怪而又不符合科学共同体的规范，所以没有人愿意听他的那一套；但由于他富有、博爱和仁慈，所以也没有人当面反驳他。他大约自我感觉良好，认为自己的"理论"很有生命力，只是曲高和寡，不被一般人理解而已。有一次他对能斯脱说，有没有办法使他的"理论"引起像洛伦兹、爱因斯坦和普朗克这样著名科学家的注意？能斯脱是何等聪明伶俐的人，他立即抓住这难得的机遇，建议由索尔维出资，在1911年组织一个高级科学讨论会，让世界一流的科学家聚集于布鲁塞尔，共同讨论物质和辐射，当然还有引力等诸多当时世界最前沿的一些难题。索尔维大喜，于是能斯脱就开始邀请科学奥林匹亚山上的诸路神仙到布鲁塞尔聚集一堂，共商大事。办事一向稳重的普朗克认为没多少人关注辐射理论的变革问题，而关心这个问题的人也不见得愿意来布鲁塞尔。但出乎普朗克意料之外的是，由索尔维亲自签名的邀请函于1911年6月发出以后，被邀请的人都像爱因斯坦一样非常高兴地表示愿意出席会议。

会议被定在10月29日至11月7日，共10天。能斯脱不愧为一个出色的组织家，一切都被他安排得妥妥帖帖，使被邀请的著名学者都十分满意，都相信这次会议一定会大大加速科学的发展。为了使会议更有成效，有12位与会者被指名提交某一领域的总结性文章。爱因斯坦要提交的论文是《关于比热容问题的现状》。

10月28日晚上6点，爱因斯坦到达布鲁塞尔，好歹赶上了庆祝仪式。

索尔维非常重视这次国际上最高层次的科学会议，他把会议放在布鲁塞尔市的首都大饭店，让前来参加会议的科学家享受总统级的招待，除了报销来往旅费以外，每人还可以得到1000比利时法郎的报酬。对于布拉格德国大学的爱因斯坦教授来说，1000法郎并不是最重要的，他能参加这次会议已经充分说明，他已经成为欧洲而不仅仅是德国的著名科学家了。在这次会议上，他不仅见到了已经认识的德国科学家，荷兰的洛伦兹和昂内斯，还认识了许多以前从未谋面的科学家，有英国的卢瑟福、法国的彭加勒。

1911年在布鲁塞尔召开的第一届索尔维会议

前排从左到右：能斯脱，布里渊，索尔维，洛伦兹，瓦尔堡，佩兰，维恩，玛丽·居里，彭加勒

后排从左到右：高斯密特，普朗克，鲁本斯，索末菲，林德曼，M. 德布罗意，克努曾，哈森诺尔，霍斯特勒，赫曾，金斯，卢瑟福，卡麦林-昂内斯，爱因斯坦，朗之万

在开幕式上，索尔维简要地讲述了他的物质-引力理论的要点。索尔维在化学工业上的确很成功，但是他却想当然地认为他的物质-引力理论的重要性也非同小可，但实际上他讲的那一套都是过了时的物理理论，虽然他推出一些结果十分复杂的公式，但实质上没有任何新的观念。好在与会者对于他的高论都不置一词，免得弄得他没趣而让聚会失去真正的作用。索尔维讲完了，大家就开始讨论物理学的最新发展。

爱因斯坦的演讲被安排在会议结束之前，这也显示了爱因斯坦在科学界的地位是何等重要。

会议在讨论了爱因斯坦的报告后结束。在闭幕演说中，索尔维再三感谢大家热烈地参加讨论，并特别强调说他本人从会议中获益匪浅，大家没有对他的理论批评过一句话，他感到不安；他又说他从未对自己的理论有丝毫的动摇；最后他宣布，这样高水平的科学会议以后每两年举行一次，希望大家在第二次会议时再多花点时间讨论他的理论。

爱因斯坦对这次会议很满意。能够被邀请出席这次会议并做综述性演讲，这本身就让爱因斯坦十分满意，更何况他可以在这次会议上认识许多以前只知其名未见其人的著名科学家，还和他们进行了积极的交往。当地许多报纸都提到了他早期的研究成果。索尔维的慷慨，想必也给爱因斯坦留下了深刻的印象。

尽管满意的事情不少，但对爱因斯坦这样不断思考更深层领域奥秘的人来说，他往往会埋怨同行们为什么如此蹒跚跋行。1911年12月26日，他在给贝索的信中写道：

> 在布鲁塞尔，人们怀着悲伤的情绪看待电子理论的失败，找不到补救方法。那里的大会简直像耶路撒冷废墟上的悲号，没有出现任何积极的东西。我那些不成熟的见解引起了人们很大的兴趣，却没有得到认真的反对意见。我得益不多，所听到的都是已经知道了的东西。

不过这次会议对爱因斯坦来说确实十分重要，几乎可以说它改变了他此后的生活旅程。这次会议后不到半个月，即1911年11月17日，居里夫人为爱因斯坦写了一封推荐信，大约正是在这段时间里，彭加勒也为爱因斯坦写了一封推荐信。他们都是应苏黎世联邦理工大学的邀请而写的，因为这时爱因斯坦正在为离开布拉格德国大学而忙碌着。

爱因斯坦的名声越来越大，布拉格地处东欧、远离科学的中心，它的学术氛围根本无法满足爱因斯坦的要求和期望，因此这儿是不可能留住爱因斯坦的。

布鲁塞尔的会议一结束,爱因斯坦就在回程途中到荷兰的乌特勒支去了一趟。去乌特勒支,就是为了确定离开布拉格以后到哪儿去任职。

(3) 母校的召唤

随着爱因斯坦名声渐起,很多大学开始向爱因斯坦招手,想以更优厚的条件把他吸引到自己的大学里来。最先寄给他征求函的是荷兰乌特勒支大学的尤利乌斯教授。乌特勒支大学位于荷兰第四大城市乌特勒支,是荷兰最好的三所大学之一,著名学者伦琴、范托夫都出自这所大学,他们两人分别获得了1901年首届诺贝尔物理学奖和化学奖,使该大学名声大增。

在1911年10月份去布鲁塞尔开会之前,爱因斯坦已到苏黎世联邦理工大学做了8次演讲。这时格罗斯曼已经是该校的系主任,工学院升格为大学,有授予博士的资格。格罗斯曼和爱因斯坦的好友章格都希望爱因斯坦能回到母校任教。章格在爱因斯坦还没离开苏黎世时,就开始大力活动,力争把爱因斯坦聘到联邦理工大学,为大学增辉。章格说服了一位部长,部长答应去说服内务部其他官员支持聘请爱因斯坦。

爱因斯坦希望回苏黎世,米列娃和儿子汉斯听说要回苏黎世也雀跃起来,但是要说服瑞士内务部的官员下决心聘请他,还得假以时日。在这种情况下,爱因斯坦对到底如何抉择颇为踌躇。如果拒绝了乌特勒支大学优厚的条件,而苏黎世联邦理工大学的事吹了,岂不两头落空?

幸好这时法国物理学家韦斯接替了爱因斯坦不喜欢的韦伯教授,负责爱因斯坦的聘任工作。韦斯是著名的物理学家,磁学研究的权威。他立即请求居里夫人和彭加勒为爱因斯坦写推荐书,想利用名人效应来促使苏黎世当局做出决定。他们两人很快写了推荐书。

居里夫人的研究领域虽说与爱因斯坦的相距很远,她也不十分了解相对论和量子论,但索尔维会议中爱因斯坦的影响和同行们对他的尊敬、推崇，一定使居里夫人印象极深，所以她毫不犹豫地于1911年11月17日在巴黎写了评价极高的推荐信，信上写道：

> 我非常欣赏爱因斯坦先生在现代物理学有关的问题上所发表的著作。而且，我相信所有的数学物理学家都一致认为这些著作是最高级的。在布鲁塞尔，我出席过一次科学会议，爱因斯坦先生也参加了，我由此得以欣赏他思想的清晰，引证的广泛和知识的渊博。如果考虑到爱因斯坦先生现在还年轻，我们就有充分理由对他寄以最高的希望，把他看成是未来最优秀的理论家之一。我认为，一个科学研究机构，若以爱因斯坦先生应得的条件聘请他为教授，使他有机会从事自己所渴望的工作，仅仅由于这一决定，该机构就能够受到高度的尊敬，而且也会对科学做出伟大的贡献。

法国最优秀的数学家彭加勒也同居里夫人一样，在11月份写了一份有利于聘任爱因斯坦的推荐信，信中写道：

> 爱因斯坦先生是我认识的最富有创见的思想家之一。他虽然年轻，却已经在当代第一流科学家中间居于最崇高的地位。我们应当特别赞赏的是他的灵巧，他善于适应新的概念并知道如何从这些概念中引出各种结论。他不受经典原理的束缚，而且每当物理学中出现了问题，他很快就想象出它的各种可能性。这一点使得他能在思想中立即预言一些日后可由实验证实的新现象。

彭加勒慷慨赞扬中的两个"最"（"最富有创见的思想家之一"和"在当代第一流科学家中间居于最崇高的地位"），足以使苏黎世联邦理工大学以能聘任到爱因斯坦为荣。韦斯还把普朗克的评价（"相对论可

法国著名数学家彭加勒

以比作新的哥白尼理论")和索末菲的评价("相对论似乎已经成为物理学的常规内容")一起附在建议书里。这些努力终于起了作用,1912年1月22日,在瑞士教育委员会的会议上任命爱因斯坦为联邦理工大学教授的建议被批准,任命期为10年,月薪为1万瑞士法郎。1周后,联邦委员会也批准了这一任命。

有了这份任命,对于一些其他的邀请,爱因斯坦一律婉言拒绝了。他离开苏黎世已经快一年了,他怀念那儿无拘无束、极富民主氛围的生活,布拉格那等级森严和官僚作风极盛的社会生活让他感到浑身不自在和厌恶。苏黎世的美丽景色和温暖适宜的气候,格罗斯曼等可以畅谈的好朋友……一切的一切,都使他们一家急于返回苏黎世!

爱因斯坦虽然不希望留在布拉格,但也应该看到,在布拉格前后共16个月的时间里,由于研究所的环境极其静谧,又没人打扰,爱因斯坦终于有充分的时间思考几年前就萦绕于心的引力问题,并做出了很有希望的进展。后来在《相对论》的捷克版的前言中,他表达了他对在布拉格时的那段经历的感谢之情。

7月25日,爱因斯坦离开了布拉格。

9/回到苏黎世

爱因斯坦再次回到苏黎世时,他在科学界中的地位已经与1911年4月离开苏黎世大学时的地位不可同日而语了。母校对爱因斯坦回校任教寄以很高的期望,希望他的到来能使ETH甚至瑞士的科学研究提到一个新的高度,对世界科学发展产生重大影响。这一期望是可以实现的,因为爱因斯坦在布拉格时已经开始思考的引力问题将给世界科学界带来又一次巨大震动。

回到苏黎世,他可以就新引力问题中出现的数学问题请教好朋友格罗斯曼。他有理由期望新理论将会在苏黎世取得巨大进展。不幸的是,正是在这一时期,他的家庭爆发了危机。

(1) 家庭出现裂痕

1912年年初,爱因斯坦第一次来到柏林。这次到柏林是受到邀请,与能斯脱、普朗克、卢本斯、瓦尔堡、哈伯和弗洛因德利希等人举行一次聚谈。前4人是参加过索尔维会议的,爱因斯坦认识,后面两位爱因斯坦以前没见过。哈伯是犹太人,是著名的化学家,也是新建的威廉皇帝物理化学与电化学研究所的新任所长,后来他和爱因斯坦之间有了深挚的友谊。弗洛因德利希是天文学家,在柏林附近贝北尔斯堡的大学天

德国著名化学家哈伯

文观察站当助手，他正设法通过天文观测来证实爱因斯坦在布拉格研究引力理论时提出的一个预言：光在通过太阳时会发生偏转。

在聚谈当中，爱因斯坦得知德国科学界的重要人物似乎都想挽留他，但他一般都予以回绝，有的则没有给予回答。能斯脱是极力想将爱因斯坦留在德国的主要人物之一，但他知道，如果德国不提供一个优越得爱因斯坦无法拒绝的职位，就别想把他从苏黎世请出来。

这次到德国柏林，爱因斯坦还见到了爱尔莎。爱尔莎的父亲鲁道夫·爱因斯坦是爱因斯坦父亲的堂兄，她的母亲范妮·科赫又是爱因斯坦妈妈的姐姐，因此爱尔莎既是爱因斯坦的堂姐，也是表姐。他们小时候在慕尼黑有过接触，但自从爱因斯坦离开慕尼黑以后，两人没有再见过面。

爱因斯坦与爱尔莎的这次会面，使两人原来爱情的萌芽再次生长。爱尔莎离婚已快4年，她渴求异性的关爱自然是可以理解的，更何况她此时只有36岁，美丽不减当年。爱因斯坦这年32岁，结婚已有9年多。一开始他与米列娃的感情应该说很好，但随着两个孩子的出生，他们之间淡漠、疏远了。米列娃当上母亲后，逐渐成了家庭妇女，不能再和爱因斯坦进行科学思想方面的交流，以往亲密、有益的科学交流和对话，逐渐被两人之间的沉默代替；而米列娃那比较严肃、忧郁的个性，也

爱尔莎，摄于1922年

逐渐在沉默中加剧。加之，当爱因斯坦沉溺于紧张思考之时，他可以将身外的一切忘记，这时他只属于物理学，就不免时不时地怠慢了米列娃。搬到布拉格以后，米列娃的苦恼和忧郁更加严重，一方面不适应新的环境加重了她的思想负担，另一方面她对斯拉夫的问题格外敏感。米列娃对布拉格恶浊的政治空气感到难以忍受，也为斯拉夫人所受到的歧视感到不安和愤怒；而爱因斯坦被看作是讲德语的德国教授。在这种特殊的、难堪的环境下，两人原来的小摩擦逐渐加剧。爱因斯坦之所以决定回到苏黎世，除了因为米列娃和孩子们都热切期望回到那熟悉的环境以外，他也希望在苏黎世那两人初次相遇、相恋的熟悉的美好气氛中，改善两人之间持续恶化的关系。但这一举措并没有达到目的，其中的原因恐怕与他再次见到爱尔莎有关。

爱尔莎不懂科学，但她爱好文学。她的书架上塞满了欧洲的文学作品。1913—1914年，她参加公众的诗歌朗诵，她背诵海涅的作品，赢得了听众的热烈鼓掌。为了女儿的教育，她还上过演讲课程，在模仿能力上，她可属天才之列。总之，尽管她的视野不太广阔，但她相当敏感而且十分机智。更让爱因斯坦高兴的是，爱尔莎对家务事颇有兴趣，她十分乐意照料别人：为他人烹饪，使人们之间关系变融洽，让人们在她那儿感到自在，像在家里一样。这种舒适、温暖、从容不迫，使爱因斯坦重新感到一种无法抗拒的吸引力。他的那颗心似乎在熟悉而又久违了的乡情、亲情中融化了，他这时才感到与米列娃在一起的生活，尤其是后期，实在是太糟了。米列娃的态度十分冷淡，对所有与爱因斯坦交往的人一律不信任。除了个别的人以外，她连他的男同事都怀疑；如果是女性同事，即使是一般性的接触，她也会受不了。有一位熟识爱因斯坦家事的妇女在1926年回忆往事时说，为了避免妻子制造丑闻，爱因斯坦吃了不少苦头。以前那种一日不见如隔三秋的亲昵日子，已经一去不复返了。

在柏林的日子里，只要一有机会爱因斯坦就与爱尔莎或她的家人在一起。他向她倾诉家庭的不和，而爱尔莎则是一个极富同情心的听众，还不时插两句让爱因斯坦听得很舒服的话,这越发使得他感到与她在一起特别惬意,他还特别喜欢她向他笑时那种"可爱的样子"。他们一起到柏林西南部的万湖地区去游玩,在那儿哈韦尔河形成了一系列令人难忘的美丽的湖群。湖畔是郁郁葱葱的橡树林、桦树林和松林,一些会引人思古的城堡点缀在树丛间、山巅上,充满了罗曼蒂克的风味,是谈情说爱的好地方。

在写于4月30日的信中,爱因斯坦难以抑制地表达了自己对爱尔莎的爱,但信发出去以后,他也许又有点后悔,觉得自己过于孟浪,毕竟米列娃是与他自由恋爱结婚的,而且他们有一段真心相爱的日子,在那最难挨的倒霉日子里,是米列娃抚慰了他那颗几乎破碎的心。这样的时光应该是不容易被忘记的。1912年5月7日,爱因斯坦低调地写了一封信给爱尔莎,说他不能闭眼不看无奈的现实,虽然他不能看一眼心爱的女人,并为此感到痛苦,但为了不使事情恶化,他只能屈从于无法挽回的事实。他还可怜巴巴地说:"我比你更痛苦,对于你来说,你只不过是不能爱你想爱的人。"想来读者自能领会这句话中更深一层的含意。

两周以后,5月21日,他再次向爱尔莎表示他们只能分手,他写道:"这是我写给你的最后一封信,然后回到不可回避的生活中去。"

看来,爱因斯坦的确深深陷于情感的纠葛中。他对于他已有的家庭已经无法容忍,与米列娃的相处已经没有任何让他感到舒适、惬意之处,大学时代的甜蜜情意已经荡然无存,剩下的只有厌恶、争吵和摩擦。

爱因斯坦恐怕仍然出于责任感(不仅是对米列娃,还有对他很喜爱的儿子),才想控制自己奔放的情感,想中止与爱尔莎的暧昧关系,但爱因斯坦并不是一个很能控制自己感情的人,他想与爱尔莎分手,甚至决然地说了再见,但他内心深处又拒绝这么做,因此他在5月21日的信中又告诉她他在苏黎世的新地址,以便她能继续给他写信。

对于米列娃与爱因斯坦的这场爱情悲剧,他们的大儿子汉斯曾在回忆中说,他亲爱的母亲是一个富有爱心的人,也非常需要他人的爱,但是,爱因斯坦没有再把温情和关爱给予米列娃了。

(2) 与格罗斯曼愉快的合作——引力问题再探

尽管生活中出现了如此巨大的不幸,但这些个人的忧伤一点也没有妨碍爱因斯坦对物理学的思考。在苏黎世任教期间,爱因斯坦再次沉迷于引力问题之中,到1913年年底和1914年年初,对引力的研究取得了突破性的进展。在1911年5月的一篇文章中,一开篇爱因斯坦就写道:

> 在4年以前发表的一篇论文中,我曾经试图回答这样一个问题:引力是不是会影响光的传播?我之所以要再回到这个论题,是因为以前关于这个题目的讲法不能使我满意,而且我现在进一步看到了,我以前的论述中最重要的结果之一可以通过实验得到检验。根据这里要加以推进的理论可以得出这样的结论:经过太阳附近的光线,要经受太阳引力场引起的偏转,这使得太阳与出现在太阳附近的恒星之间的角距离表现上要增加将近1弧秒。
>
> ……我迫切希望天文学家接受这里所提出的问题,即使上述考查看起来似乎根据不足或者完全是冒险从事。除了各种理论(问题)以外,人们还必然会问:究竟有没有可能用目前的装置来检验引力场对光传播的影响?

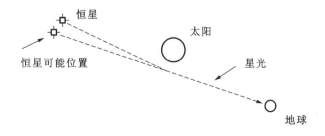

爱因斯坦的想法其实很简单：先把某颗恒星用照相机拍摄下来，然后等到日全食出现，这颗恒星被太阳遮住，这时星光从太阳旁边经过，星光将发生弯曲（如上图所示），再拍摄一张照片。两张照片对照，即可测出在两种情形下恒星位置发生的移动距离，由此推算出星光的弯曲程度。这样，他的极其抽象的理论就可以通过实地观测来证实。这种想法使他十分激动，于是他请求天文学家弗洛因德利希的帮助。1911年9月1日，他写信给弗洛因德利希说：

> 得知你愿意承担这一有趣的工作，我真是高兴极了。我很清楚这件工作不是一件轻松的事，因为太阳大气圈的折射可能会影响观测。但有一件事我可以肯定：如果没有发生我预言中的偏转，那么我的理论的假设就错了。当然应该记住的是，这些假设看起来虽然有道理，但却十分大胆。

但让爱因斯坦几乎无法忍耐的是，下次日食出现的时间是1914年9月，那时的俄罗斯南部适合作为观测地。还需整整三年的等待！想必任何人都可以理解，这种等待是多么难以忍受。

上帝虽然没有恶意，但他在显示他的奥秘时却十分吝啬。没有办法，只好等待。在等待期间爱因斯坦决定进一步研究引力问题，关于引力，还有许多困难之极的问题等待他思考呢。1911年8月10日，他写信给劳厄说："用相对论来处理引力问题时碰到了极严重的困难。"

用狭义相对论来处理牛顿的万有引力理论会碰到"极严重的困难"，这是显而易见的。首先，在狭义相对论中，任何物体的运动、信号的传递，当然也包括引力的传递，其速度都有一个上限，即都不能大于光速。但是牛顿万有引力定理却认为引力的传递是不需要时间的。例如，太阳与地球之间相距约1.5亿千米，光从太阳到达地球上需要8分多钟的时间，但它们之间的引力传递却不需要时间；不仅太阳和地球之间如此，而且茫茫宇宙中任何两个相距无论多么遥远的星体之间引力的传递都不需要时间。这实在不可思议,连牛顿都认为这是荒谬的,但他聪明地将这个问题搁置起来,等待后人去研究。现在,这个不可思议的问题终于被爱因斯坦翻出来了:万有引力传播速度无限大,这与他的狭义相对论的光速不可超越的结论直接矛盾。其次,引力传播不需要时间的结论,与他的相对论中同时性的相对性也相矛盾。我们知道,正是因为光的传播需要时间,爱因斯坦才推导出同时性的相对性,引力传播如果不需要时间,那么至少对于引力事件,同时性的相对性就没有任何意义了。

苏黎世标志性建筑——圣母教堂的双塔

还有,引力似乎不需要任何媒介就能自由自在、没有任何拘束地驰骋于广袤无垠的宇宙之中,这也有些匪夷所思、离奇怪诞。连牛顿自己也说:"物体可以透过真空对其他物体产生作用的说法……实在荒谬至极。任何一个具备一定哲学思辨能力的人,都不会接受它。"

爱因斯坦决心深入虎穴,把这个"荒谬至极"的问题弄个水落石出。

但是真要想把这个问题弄清楚,却远非爱因斯坦开始想得那么简单,之后的事态表明,无论是概念上的巨大改变,还是数学技能的要求,都大大超过了他的估计。如果他没有高屋建瓴、大胆革新、张扬主体意识的精神追求,百折不挠、披荆斩棘的毅力,敏锐神会、驱遣万象的物理直觉,精湛入微、炉火纯青的数学演算技巧,要想创造广义相对论是完全不可能的。

随着研究的进展,他发现在时间和空间都"弯曲"的"空间"里,新的理论将是"非线性"的,需要借助新的数学工具才能解决。而爱因斯坦在大学学习时就不大重视数学,因此他的数学知识实在不怎么样;

他不能像牛顿那样自己创造需要的数学工具。他意识到现在他必须努力扩展他的数学知识。在布拉格期间，他可以找匹克教授帮忙，匹克教授推荐给他一些书。随着数学知识的增加，他的认识也在变化。

正当爱因斯坦的引力理论研究遇到了严重困难，并影响了他的自信心之时，1912年7月25日，他和妻子、两个儿子离开了布拉格，回到了一家人日思夜想的苏黎世。妻子感到惬意，儿子们则高兴得大呼小叫。而爱因斯坦也得以在最困惑、最需要人帮助的时候，回到了可以帮助他的人——格罗斯曼身边。

8月10日，他到政府机关办理了户口签证，他又一次成为苏黎世居民，住在霍夫街116号。6天之后，即8月16日，他写信给霍普夫："引力的前景光辉灿烂。如果我没有弄错的话，那我就已经发现了最普遍的方程了。"一个月之前的7月12日，爱因斯坦还对霍普夫说引力的研究"十分艰难"，怎么到了8月16日，就突然"前景光辉灿烂"起来了呢？不仅是霍普夫会丈二和尚摸不到头脑，恐怕人人都会为这一突然的转变感到困惑。

从爱因斯坦后来的回忆、讲演中我们才得以知道，原来在这一个月里，他得到了格罗斯曼的帮助，使他明白解决引力问题的数学工具已经有了，那就是黎曼几何学。爱因斯坦7月底一回到苏黎世，就把自己在引力问题中的思考和遇到的巨大困难告诉了格罗斯曼，并且说："格罗斯曼，你一定得帮助我，否则我会发疯的！"

格罗斯曼答应帮助他，但是附加了一个条件：对于所找到的数学资料的物理解释不负任何责任。格罗斯曼毕竟是一位优秀的数学家，他很快就为爱因斯坦找到了相关的数学资料。第二天，格罗斯曼回复说：这种几何学确实已经有了，那就是黎曼几何学。

有了格罗斯曼的指点，他才终于找到了建立广义相对论的数学工具。虽然有了正确的数学工具，但要创建瑰丽的广义相对论大厦，还是存在着不可想象的艰难。1933年，爱因斯坦在英国格拉斯哥大学做的《广义相对论的来源》演讲中，回忆了这段艰难的历程。他说道：

1913年6月,爱因斯坦(前排左3)与苏黎世的同行们合影

我从1912年到1914年同我的朋友格罗斯曼一起研究这些问题。……它们使我做了两年极端艰苦的工作,直到1915年年底,我才最后认清了它们的本质,在我懊丧地回到黎曼的几何以后,又成功地把这理论同天文学上的经验事实结合了起来。

从已得到的知识来看,这愉快的成就好像是理所当然的,而且任何有才智的学生不用碰到太多困难就能掌握它。但是,在黑暗中焦急地探索着的年代里,怀着热烈的期望,时而充满自信,时而精疲力竭,而最后终于看到了光明——所有这些,只有亲身经历过的人才能体会。

在此之前，爱因斯坦从来没有用笔墨如此诉说自己工作的艰辛，仅此就足以说明广义相对论的创建是何等的困难！

1915年是取得重大胜利的一年，他纠正了自己在概念上的一些错误，完成了广义相对论。由于这一成功，如像当年狭义相对论解释了迈克尔逊以太漂移实验零结果而使他绝对信任狭义相对论一定是正确理论一样，现在他完全相信广义相对论一定是正确的理论，他丝毫也不怀疑他的理论了。他在1915年12月9日给索末菲的信中兴奋地要索末菲一定要抽出时间看看他的引力方程，他写道："你一定要仔细研究一下它们，这是我一生中最有价值的发现。"12月3日他写信给章格："这个理论真是无可比拟的优美。"12月10日，他给贝索的信中写道："我最大胆的梦想终于实现了。"过了11天，他又写信给贝索说："你一定要读一读这些论文！它使我从困境中得到了彻底的解脱。"

这正是：

此曲只应天上有，人间能得几回闻？

10/德国科学院院士

▶ ▶ ▶ ------------------------

爱因斯坦厌恶普鲁士人那种冷酷得近似机械的态度,这种冷酷和热衷于无条件服从的普鲁士人的生活态度,和他那热爱自由和自由思考的天性格格不入。他曾经说:"这些黄发碧眼的冷酷人使我觉得不自在,他们对其他人没有心理上的理解能力,每一件事他们都得有清清楚楚的解释才行。"

当他到了瑞士以后,他几乎以狂喜的心态接受和爱上了这个有着田园风光和自由自在的国家。正是在这片国土上,爱因斯坦由一个高中生成长为一个世界级顶尖科学家。当他离开苏黎世到布拉格大学任教时,他无限留恋瑞士,并迫不及待地在任职一年后返回了瑞士。人们也许会预期,已经成为教授和受到瑞士特殊关照的爱因斯坦恐怕不会轻易离开瑞士了。但是,1914年,爱因斯坦不但离开了瑞士,而且还来到了德国,来到了柏林任职。这不仅仅引起了他的好友们的惊讶,而且这一件事几乎成了爱因斯坦生活中的一个谜。

爱因斯坦究竟为什么又回到以前和此后如此厌恶的德国呢?回到德国,对他是幸,还是不幸?

(1) 柏林成为世界科学中心之一

1910年10月11日,德国皇帝威廉二世在柏林大学百年庆祝大会上宣布了他雄心勃勃的计划:创建独立的研究所作为整个科学机构的一部分。

1911年1月11日,威廉皇帝学会正式成立,并决定首先建立一个化学研究所。化学研究所的正式落成仪式于1912年10月12日举行,威廉二世亲自出席了仪式。哈恩、迈特纳等许多优秀科学家先后进入了这个研究所。后来,威廉皇帝物理化学和电化学研究所也成立了,由哈伯任所长。接下来学会想成立威廉皇帝物理研究所,这就与爱因斯坦这位未来的"光杆所长"有关系了。

由于威廉二世重视科学事业的发展,加上采取了"官办民助"两条腿走路的正确方针,德国的科学技术事业急起直追、迅速发展。

在基础科学研究上,德国的确让世界科学界感到惊诧。哥廷根大学的数学研究水平,柏林的物理、化学、生物学和医学的研究水平,都进入了世界的最前列。我们以获诺贝尔奖为例,在爱因斯坦1914年来到柏林以前,在13届的颁奖中,获自然科学奖的共46人,其中德国人有13人,占28.26%;在同一段时间里,法国只有8人获奖,英国只有4人获奖,美国只有迈克尔逊一人在1907年获物理学奖。1901年第一次颁发诺贝尔奖时,3项科学奖中有2项为德国科学家获得(物理学奖得主伦琴,生理学或医学奖得主贝林);而另一项化学奖得主范托夫,他的国籍虽是荷兰,但从1878年起他就在德国大学任教,而且是德国科学院院士。由这组数据我们可以看出,德国在1914年以前的科学研究水平已居于世界领先地位。德国科学界人才济济,在柏林,仅物理学界就有普朗克、能斯脱、鲁本斯、J. 弗兰克、G. L. 赫兹这些世界级大师,化学界则更是群英荟萃、耀眼夺目。全世界的有志于从事科学研究事业的年轻人,都涌向哥廷根、慕尼黑,美国后来的科学带头人(包括

1913年第二届索尔维会议全体照片

二排左起:第5人为居里夫人,第6人为索末菲,第7人为爱因斯坦

迈克尔逊)几乎都在德国留过学。

柏林,作为世界科学的中心,地位超过了伦敦、巴黎,对任何一个科学家都很有吸引力。全世界的科学家都十分关注柏林科学院的每周一次的会议,说不定又有什么创造性的思想在会议的谈话中不经意地流了出来。

(2) 德国的召唤

到1913年,爱因斯坦已是物理学界的耀眼明星。这年的10月,第二届索尔维会议在布鲁塞尔召开,爱因斯坦非常高兴地接受了邀请,但他正忙于研究引力问题,因此对正热的原子物理学没有多大兴趣(或者说没有时间，顾不上），因此一再声明不能为会议提供文章。虽说如此，从会议的集体照片中可以看出，爱因斯坦的地位已经不同于1911年了。1911年第一次索尔维会议时，集体照片中的爱因斯坦站在最右第二个，他的右边是朗之万；到了这一次，他已经站在最中间的位置上了，他的左边站的是索末菲、居里夫人，他的前面坐着洛伦兹。

面对这样一位科学巨星，加上他原来就是德国人，柏林科学界的有识之士绝不会视而不见，听任他留在国外。柏林的能斯脱早在1910年就打算把爱因斯坦留在柏林，但未能达到目的。到了1913年，柏林科学界对爱因斯坦更加关注了。这年1月，哈伯与教育部商量，是不是可以在他领导的研究所里为爱因斯坦提供一个优越的职位。过了不久，柏林的两位科学界领袖人物普朗克和能斯脱为了试探爱因斯坦是否有可能移居柏林，专程去苏黎世探询。他们向爱因斯坦透露了一个诱人的消息，即在柏林，将有身兼多职的工作等待着他去担任：领取特殊薪水的普鲁士科学院院士、可以不讲课的柏林大学教授、即将建立的威廉皇帝物理研究所的所长。

这些诱人的荣誉和职务，是多少人毕生奋斗而终未能获得的——哪怕是其中的一个！而年仅34岁的爱因斯坦却由别人拱手送上这些荣誉，还唯恐他不接受。最有意思的是，如果从"政治条件"上说，爱因斯坦并不是德国皇帝中意的合适人选，因为爱因斯坦是犹太人，尤其是他为了不服兵役等，还自愿放弃了德国国籍，但经济、科学水平正处于迅速上升阶段的德国似乎相当的开明，居然既往不咎。

爱因斯坦对来自柏林的召唤给予积极的响应，于是柏林科学界立即开始积极行动。首先，普朗克、能斯脱、鲁本斯和瓦尔堡联名写了份推荐爱因斯坦为普鲁士科学院院士的推荐书。

1913年6月12日，他们把推荐书交给了科学院；7月3日，科学院的物理数学分部进行了不记名投票，结果21票赞成，1票反对。看来柏林方面是不会有什么阻力了，普朗克和能斯脱决定在7月12日再次去苏黎世，让爱因斯坦把这事敲定。现在轮到爱因斯坦做出最后的决定了。

瑞士美丽的景色

虽然爱因斯坦对柏林提供的荣誉、条件有些感到意外，但真要下决心回到柏林那令人不舒服的环境下工作，恐怕他还是有点犹豫。

普朗克和能斯脱可不能让爱因斯坦犹豫下去，他们身负重托，还要赶快回去反馈结果呢。于是他们根据爱因斯坦的要求，给他一天的时间考虑，并根据传统的方法来确知爱因斯坦是去柏林，还是不去。他们两人去楚格湖畔的里吉山观赏湖光山色，而爱因斯坦就用这一天的时间仔细考虑。到傍晚，爱因斯坦到火车站接他们时，如果同意去柏林就手拿一束红花，如果拒绝去就拿一束白花。这种传统的方法有一个好处，那就是不必开口说出让对方难堪、失望的话。普朗克和能斯脱在傍晚结束观光回到苏黎世，他们下车时，欣慰地看到爱因斯坦拿着一束红色的花在车站等他们，他的脸上还有浅浅的笑意。

普朗克和能斯脱不负重托，回柏林交了差。接着，7月24日，科学院常务会议批准了普朗克等人的建议。3个多月以后，11月12日，威廉二世批准了对爱因斯坦的任命。于是，爱因斯坦正式成为普鲁士科学院的院士，年薪高达12000马克。

爱因斯坦在收到正式下达的通知以后，从苏黎世给柏林科学院写了一封很恭敬的回信，信中写道：

> 对于你们选举我担任贵院正式院士，我表示由衷的感谢。我谨此声明接受这一选举，并深深地感谢你们使我在你们中间获得一个职位，从而使我摆脱职业的负担，能够全心全意地献身于科学工作。当我一想到自己每天思想上暴露出来的弱点，就会对这一崇高褒奖显露出惴惴不安的心情。但是，有一种想法促使我鼓起勇气接受这次选举，那就是对一个人来说，所期望的不是别的，而仅仅是他能全力以赴、献身于一种美好的事业。正是在这一点上，我觉得自己还是能胜任的。

爱因斯坦还向普鲁士科学院表明，他希望于1914年4月开始在新岗位就职。1914年4月初，爱因斯坦来到柏林，并在柏林定居，直到1933年12月。关于爱因斯坦来到柏林后初期的生活、工作，我们在以后还会详细涉及，现在要讨论的是一个人们很感兴趣的问题：爱因斯坦到底出于什么原因决定接受柏林的邀请？

在苏黎世，除了教学任务过重使爱因斯坦感到烦恼以外，与米列娃不愉快的相处，恐怕也让爱因斯坦无法平静地生活和工作。1913年12月，爱因斯坦写信给爱尔莎，信中写道："我对待我的妻子就像对待一个雇员一样，只是我不能解雇她。我有自己的房间，并且尽量避免与她单独地待在一起。"而在这年的 3 月 14 日,他给爱尔莎写信说:"最迟明年我就会到柏林长期住下去。……我还在盼望着如何与你在一起度过美好的时光。"

想离婚,但法律又不允许爱因斯坦违背米列娃的意愿而离婚,住在一起又"尽量避免与她单独地待在一起",这是何等痛苦与让人烦恼的事情啊!10 多年前的温情,10 多年前的"甜美可爱的小东西"早已随风飘逝、荡然无存了,剩下的是厌恶、敌意。虽说爱因斯坦是顶尖级的科学大师,但他也是肉体凡身,生活中持续的怨恨和争吵,也会使他失去灵感,他太需要摆脱这种环境。在这种情形下,移居柏林对爱因斯坦来说恐怕是自动摆脱家庭苦恼的一个最好的办法。在 1913 年 12 月底他写给爱尔莎的信中,他似乎透露了这种想法,他告诉爱尔莎说:"我妻子不停地向我抱怨对柏林和对家庭的恐惧。她感觉她受到了迫害,并且感到害怕。她说,3 月底是她最后的平静时刻。她说得很有一些道理。"

爱因斯坦写这封信时,米列娃正在柏林,她是圣诞节过后不久到柏林的,她到柏林是想为他们找一处合适的住所。在埃伦伯格街 33 号她租下了一间很宽敞的公寓,那儿离哈伯的物理化学和电化学研究所仅十分钟步行的距离。爱因斯坦猜对了,米列娃后来由于"恐惧",在这儿没有住多久,就在没有离婚的情形下,带着两个儿子返回了苏黎世。

除了以上两个主要原因促使爱因斯坦接受柏林的邀请以外,还有两个次要的原因。一个原因是柏林的科学界很有吸引力,那儿有各门学科的世界一流科学家,包括天文学家。1913 年冬,他在给章格的信中提到,与柏林同事们的接触对他很有鼓舞作用,而且,"在那时候,天文学家对我来说尤为重要"。这是可以理解的,柏林的物理学家们包括普朗克在内,都对他的引力理论持怀疑、反对的态度,一时说服他们恐怕不现实,然而引力红移和光在引力场中的弯曲,却可以由天文学家用观测证实,而柏林恰好有相信广义相对论的天文学家弗洛因德利希。以后的事实也正好证明,正是天文学家在 1919 年用观测证实了引力理论以后，物理学家们才转而相信了新的引力理论，爱因斯坦本人也因此一夜之间成了世界最著名的人物。另一个原因也许与柏林给予爱因斯坦极高的荣誉（院士、研究所所长）和更丰厚的待遇有关。但从爱因斯坦一生淡泊名利的品格来看，这一原因虽说不可否认，但不会是重要的原因。在大学毕业后，失业的痛苦袭击爱因斯坦时，薪水对他来说至关重要，但从布拉格返回苏黎世以后，他的薪水已经足以保证他过上很舒适的日子，这时更高的薪水已不具有当年的吸引力了。

总之，爱因斯坦在多种原因的促使下，离开了他一直不能忘却的、一直爱恋的瑞士，来到了他心里颇为厌恶的德国首都柏林。从内心来说，他从来就没有爱过德国，而把瑞士作为梦中的故乡。

（3）离别苏黎世，来到柏林

1913年8月初，居里夫人和她的两个女儿来到苏黎世，与爱因斯坦和他的儿子汉斯一起徒步旅游。居里夫人的女儿艾芙记下了当时的情景：

爱因斯坦和居里夫人在日内瓦。他们相处融洽，两家还一同到阿尔卑斯山过暑假

到1913年夏天，玛丽背着背囊徒步游历昂加地纳，想借此测试自己的体力。她的女儿们和她们的保姆陪着她，这一组旅行者中还有阿尔伯特·爱因斯坦和他的儿子。几年来，居里夫人和爱因斯坦之间有极好的"天才友谊"，他们彼此钦佩，他们的友谊是坦诚而且忠实的。他们有时候讲法语，有时候讲德语，喜欢不断地讨论物理学理论。

孩子们在前面跳跃着作先锋，这次旅行使他们高兴极了。队伍后面，那个爱说话的爱因斯坦精神焕发，对他的同伴叙述他心里萦绕着的一些理论，而玛丽因为有极丰富的数学知识，是欧洲极少数能了解爱因斯坦的人之一。

伊伦娜和艾芙有时候听见几句有点奇怪的话，觉得很惊讶。爱因斯坦因为心里有事，不知不觉地沿着一些悬崖道路向前走，并且攀登了一个极峰，而没有注意到他走的是什么样的路。忽然他站住了，抓住玛丽的手臂，喊着说：

"夫人，你明白我需要知道的是，当一个升降梯坠入真空的时候，乘客准会出什么事……"

这样一个动人的忧虑，使那些年轻的孩子们哄然大笑，他们一点没有猜想到这种想象中的升降梯坠落，含有"相对论"上一些高深的问题。

1914年2月9日，爱因斯坦向苏黎世物理学会做了告别演说。1914年3月16日，爱因斯坦最后一次到赫维兹家，参加家庭演奏会。

3月21日，爱因斯坦离开了苏黎世。这次离开苏黎世以后，除了短期探亲访友和讲学以外，他再没回到苏黎世长住。他绕道莱顿，再到柏林与家人会合；而米列娃则在所有家具被装上车运往柏林以后，和汉斯、爱德华到瑞士东南部的一个小城市洛迦诺小住了一段时间，这时已满三岁的爱德华身体不好，一个冬天几乎总在生病，因此米列娃希望到比较温暖的东南部，让爱德华恢复健康。

1914年4月，爱因斯坦来到柏林，全家住进了埃伦伯格街33号。到了柏林后不久，他在4月10日写信给埃伦菲斯特说："在柏林一切都顺利，有一套很好的住所，还有一位有趣的同事哈伯。我还没有见到其他物理学家。"5月4日他写信给赫维兹说："出乎意料地，我正在相当顺利地融入此地的生活。内心的平静只是在遇到某些苛求时才被破坏，例如穿衣以及一些鸡毛蒜皮的小事。由于某些年长者的坚持，在这些事情上我都服从，免得本地人把我归入败类之列。科学院按实际情况来说，极像一所高等学校的一个系。我觉得，大多数院士只是在签名列举他们堂而皇之的学术封号时，才威严地抖开自己的孔雀尾巴。在其他方面，他们还是挺好相处的，只有肥胖的爱献媚的海尔曼·阿曼度斯·施瓦茨除外。……玩提琴我暂时还顾不上，别的事情太多。我现在懂得柏林人自满自负的原因了。这里的观感太多，自身的空虚不像在比较宁静的地方时那样能够尖锐地被感觉出来。"

爱因斯坦在柏林家中的书房里

虽然在信中他说"相当顺利地融入此地的生活"，但在柏林他自然有一种陌生感和孤独感，这主要是因为德国的知识分子在经历了俾斯麦和威廉二世的统治时代以后，大部分都转向了国家主义，自愿（或非自愿）地对德意志帝国的意识形态俯首帖耳。这种气氛日益增强，使得他们对人对事都夹杂着一些种族上的优越感。在20世纪20年代初这种优越感还不那么明显，但爱因斯坦却已经完全感觉到了。后来正是这种优越感恶性发作，成为德国人两次发动世界大战的原因之一。

虽然普朗克尽力让爱因斯坦感到宾至如归，但爱因斯坦仍然无法消除那种陌生感和孤独感。正如爱因斯坦的好友弗兰克所说："普朗克这种人，在情绪上及观念上和爱因斯坦迥然不同，他们唯有在理性的论证之下，才能互相沟通。……当薛定谔来到柏林做普朗克的继承人之后，这种施加在爱因斯坦身上的普鲁士式的冷漠与机械思考减轻了许多。"

拜访每一位院士，也是让爱因斯坦头疼的事。有一个笑话颇能说明爱因斯坦的尴尬和无奈。他听说心理学家史滕夫院士对空间观念有几分兴趣，于是他满以为他们之间可以谈一些彼此都有兴趣的话题，也说不定这次交流对研究相对论有某些启发，因而他怀着高兴的心情去拜访这位院士。他大约在上午8点到达史滕夫家，女仆说院士不在家，于是爱因斯坦就到不远处的公园散步。到下午2点再去时，"院士在午睡"，女仆为难地说。爱因斯坦最怕让别人不自在，于是急忙说："没关系，没关系，我等会再来。"他又散步去了，反正散步时他照样可以思考问题。到了4点再来时，他终于见到了院士。

爱因斯坦高兴地对那位女仆说："你看，有耐心和毅力的人终究可以得到回报的！"

院士夫妇以为爱因斯坦一定是来做正式拜访的，他们十分高兴，礼貌有加。但爱因斯坦却完全缺乏这种训练，还没说上两句话就大谈广义相对论的种种设想及现状，那位心理学院士哪里拥有如此深奥的数学基础，以至于他根本听不懂爱因斯坦在说什么，所以，他插不上嘴，只好听凭爱因斯坦一个人滔滔不绝。讲了大约40分钟，爱因斯坦才突然从院士一脸无奈的脸色中悟出，自己是来做礼节性拜访的。但时间已经拖得太久，实在不便再留，于是他连忙起身告辞，一句礼节性的话也没有顾上说，弄得教授十分尴尬，连"喜欢柏林吗？""夫人和孩子到了柏林还适应吧？"之类的应酬话也一句没说。唉，这个特立独行的怪人！

当然也有让爱因斯坦高兴的事情。每周一次的物理学讨论会，让爱因斯坦觉得很有意义，很有价值。在每周的这种会议上，讨论的是物理学最近的一些研究进展。这种讨论可以使在不同领域中做研究的物理学家们交换各种新发现和新理论。弗兰克说：

> 在爱因斯坦停留柏林的日子（1914—1933）里，柏林讨论会的精彩程度远非世界其他各地会议所能及。

的确如此，这儿聚集着七八个已经获得或日后即将获得诺贝尔物理学奖的物理学家，与这些人一起讨论，即使杰出如爱因斯坦，也会觉得很有价值。这种讨论使爱因斯坦减少了许多阅读的时间。他按时参加每次的讨论会,在会上,他总是个活跃分子。他喜欢把问题分解开来,所做的批评也常使与会人士大为激赏。而且,他所提出的问题本身,也往往产生刺激性的影响。爱因斯坦理解问题之快是没有人会怀疑的,因此他常会不假思索地问一些别人会认为是很天真的问题,但是这种天真的问题却常是最富有启发性的,因为他们经常讨论的都是一些最基本而无人敢触及的内容。大部分的专家都相信他们了解最基本的内容,需要的只是寻求如何解释次要的内容,然而爱因斯坦的问题则常在怀疑一些似乎可以不证自明的原理,这使得讨论会更具有特殊的吸引力。1933年,爱因斯坦离开柏林以后,讨论会就显得暗淡许多。

除了非常有价值的讨论吸引爱因斯坦以外,还让爱因斯坦高兴的是家庭举行的小型音乐演奏会。爱因斯坦和他的小提琴很快就成了普朗克家中的客厅音乐晚会的常客。在物理学最具革命性的时期当一个物理学家,似乎没有比柏林更好的地方了。

著名女物理学家迈特纳

丽丝·迈特纳当时与哈恩一起在威廉皇帝学会研究放射性化学。当迈特纳在维也纳大学念书时,她见过爱因斯坦;她第二次见到爱因斯坦是在萨尔茨堡会议上,那时爱因斯坦30岁,比她还小半岁,但他已经是名人了。后来她在回忆中说:

我想,大概是在爱因斯坦到柏林几个月后的一天晚上,普朗克家里举办家庭音乐会,演奏贝多芬D大调三重奏。普朗克弹钢琴,爱因斯坦拉小提琴,还有一位专业音乐家拉中提琴,即使爱因斯坦拉得有点走调,这次演奏会也为大家带来极大的快乐。爱因斯坦显然十分喜欢音乐,他还以无拘无束的大笑对自己欠佳的表演表示惭愧。演奏完了以后,普朗克站起来,面部表情十分平静但闪耀着兴奋的光辉,他把手放在胸前说:"多么美妙的第二乐章!"后来我同爱因斯坦一起离开时,他突然问道:"您知道我嫉妒您什么吗?"当我吃惊地看着他时,他说:"您的老板。"那时我还是普朗克的助手。

普朗克努力使他的家成为"欢迎来宾之家",每两周喜欢音乐的人用不着特别的邀请都会自动聚集于此。哈恩是位不错的歌手,他曾因此骄傲地宣称:"我天生是一个出色的男中音,只不过缺乏训练。普朗克劝我找一个音乐教师练习唱歌,说不定我的喉咙管里能弄出点什么名堂来。"

普朗克的花园般的住宅里充满了音乐。他具有专业音乐家的钢琴演奏技能。普朗克的演奏不仅仅是他消遣、娱乐的手段,这还是他在生活中精神不受约束的唯一活动。也许出于同样的原因,爱因斯坦特别喜欢参加普朗克家中的音乐演奏会,在这种音乐会中的感受,是多么美好啊!

爱因斯坦在演奏小提琴

可惜这美好的时光被战争覆上了沉重的阴影。第一次世界大战爆发了，战争改变了人类的一切。关于这次战争，下面还会详细谈到。

（4）离婚和再次结婚

到了柏林以后，爱因斯坦和妻子米列娃的关系日益恶化，这时爱因斯坦也许会后悔自己当年没有听双亲的意见，一意孤行，造成这种"错、错、错！"的难堪局面。

1914 年 5 月底，埃伦菲斯特夫妇曾到柏林拜访过爱因斯坦，还在他的新家住了一个星期。埃伦菲斯特非常喜欢他们的大儿子汉斯，还带上两个孩子去动物园，孩子们十分开心，但客人们发现米列娃心情忧郁。当时埃伦菲斯特还十分不理解米列娃忧郁的原因，后来他才知道米列娃的忧郁不安与"第三者"爱尔莎有关。

米列娃和爱因斯坦在婚后很长一段时间关系一直不错，米列娃有时也陪着爱因斯坦出国旅行，例如她曾陪同爱因斯坦到荷兰的莱顿去拜访洛伦兹。爱因斯坦的亲戚们几乎都不大喜欢米列娃，尤其是爱因斯坦出名以后，他们更加觉得这桩婚事实在不般配。米列娃原来脚就有些跛，后来脚又不时地十分疼痛，这也许与生育、抚养两个儿子有些关系。有了儿子，她越来越不注意打扮自己，加上因抚育两个儿子，她成了典型的家庭妇女，当年读大学时的愿望已成过眼烟云，有时回首往事，她不免因为自己的付出而伤心和抱怨。后来严重的腿疼引起行走困难，她的精神日益沮丧，抱怨也随之增多。再加上"第三者"的插足，她的心情可想而知。

1913 年 3 月 12 日，米列娃给好友海伦·萨维克写信抱怨说："我的丈夫现在只为他的科学而活着，对家庭几乎全不在意了。"

到了柏林后，矛盾加剧到无法调解，最后两人只好分居。爱因斯坦给米列娃写了一份只叫作备忘录的文件，向她提出了继续共同生活的条件，而除非有社会方面的需要，她必须放弃和他的个人关系。她不能指望从他这里得到温存,以后不再一起外出或旅行……

这是多么令人难堪的条件呀!米列娃终于放弃了任何希望,于1914年6月带着两个儿子离开柏林,还带着满腔的心酸和怨恨回到苏黎世,从此再没有离开她喜爱的这个地方。爱因斯坦的好朋友贝索从苏黎世来到柏林,把朋友无助的妻子和两个儿子带回瑞士,爱因斯坦把他们送到火车站,哈伯也一同前往送行。哈伯后来说:"爱因斯坦从火车站回来时,眼里含着泪水。"

米列娃回苏黎世,一定使爱因斯坦松了一口气,但离开两个儿子却使他非常伤心。接着,爱尔莎不再遮掩地走进了他的生活。

1919年2月14日,苏黎世的法庭终于批准爱因斯坦和米列娃离婚,并规定爱因斯坦应该负责孩子的养育费,在假期他有权接儿子们和他同住;另外,爱因斯坦被命令在一家瑞士银行中存入4万德国马克,其利息归米列娃支配;还有,爱因斯坦如果获得了诺贝尔奖(这几乎被人认为是肯定的事),他必须把奖金全数付给米列娃;最后,在两年内爱因斯坦不得再婚,不过这个条件只在瑞士境内才有效。

1919年6月2日,爱因斯坦与爱尔莎结婚。1922年,爱因斯坦获得1921年的诺贝尔物理学奖。1923年,他将全部奖金(约32000美元)转给了米列娃,米列娃用这笔钱在苏黎世买了三栋房子,其中一栋在胡腾街62号,她一直住在那儿,直到1948年8月4日因病去世。

爱因斯坦的母亲一直不喜欢米列娃,对于新媳妇爱尔莎却十分满意,在他们结婚后半年,老人因病搬到他们家,与他们共同生活。关于爱尔莎,伟大的电影表演家卓别林在他的自传中曾风趣地写道:"她是一个膀大腰圆的女

1914年6月的爱因斯坦与哈伯

人，充满活力，她显然很高兴成为这位伟人的妻子，而且根本不隐瞒这一事实，她的热诚使人们感到亲切。"

爱因斯坦、爱尔莎与卓别林

11/第一次世界大战

▶ ▶ ▶ ------------------------

　　一段电文终于变成了火炬,点燃了1914年的世界大战。一段发自维也纳的电文被发布在克罗地亚的杂志《斯罗波兰》上,内容是说奥地利皇储弗朗茨·斐迪南大公将于6月28日访问塞尔维亚首府萨拉热窝,并决定在附近的山地检阅奥匈帝国军队的演习。

斐迪南大公和他的妻子进入萨拉热窝市区不久,暗杀事件就发生了

塞尔维亚秘密小组的爱国者们读了这段电文后震怒了，认为这是新的压迫者在蓄意向塞尔维亚人挑衅。6月28日是一个对塞尔维亚人有特殊意义的日子。1389年的6月28日，古塞尔维亚王国被土耳其人征服；1913年第二次巴尔干战争爆发也是在这一天，塞尔维亚人战胜了土耳其人，终于得以报仇雪耻。现在，奥地利统治者竟然又选择6月28日来向塞尔维亚人炫耀武力，想让塞尔维亚人屈服于武力之下。

秘密小组的成员立即做出决定：必须将暴君置于死地。他们同时决定由一个名叫加夫里奥·普林西的人作为执行人。

6月28日，斐迪南大公和他的妻子乘火车到波斯尼亚，当他们乘汽车进入萨拉热窝市区时，普林西谋杀成功。

8月，一场世界大战爆发了。

各国的科学家也都被卷入了人类第一次世界性的相互屠杀之中，而且他们中有一部分人以他们具有的科学知识，使这次屠杀变得格外残酷。

(1) 各国科学家卷入了战争

6月28日的刺杀事件之后，德国科学界一如既往。1914年7月2日是星期四（刺杀事件后第4天），爱因斯坦在科学院的大会上，做了他的就职演说。在演说中，他照例谈到新的引力理论。

爱因斯坦十分明白，在引力理论的研究中他不会得到普朗克和德国绝大部分科学家的支持，但他根本不在乎这一点，他相信自己的理论是正确的，更何况到8月27日，弗洛因德利希会到俄国南部观察日食，这次观测将会证明他的预言和计算是正确的，到那时，一切怀疑、争论，将会烟消云散、冰消瓦解。

可是他没料到，第一次世界大战不仅使这次观测没能实现，而且使他对"发了疯"的德国科学家感到无法理解和非常失望。他更没有

哈恩和他的同事们都穿上了军装，左1为哈恩，右1为 G. 赫兹

料到的是，许多优秀的科学家在这场彼此屠杀的战争中，热情地为军队制造残酷的杀人武器，还有许多优秀的科学家，本来在和平环境中可以为科学和人类做出伟大贡献，但却在这场愚蠢的、残酷暴虐的战争中丢掉了宝贵的生命。这一切都发生在1914年8月份以后。

在柏林，人们带着难以置信的热情投入了战争，那些暂时不能上前线的人则通过向即将开赴战场的人表示热爱、崇敬来显示爱国的热情，火车站上整天有着节日似的欢欣鼓舞的景象。哈恩、J. 弗兰克、G. 赫兹和盖革都立即被召入伍，离开了研究岗位。人们确信在圣诞节前后他们就会带着胜利回家。哈伯和能斯脱为德国军队制造毒气，其中哈伯制的毒气最受军事长官的欢迎，因为杀伤力特别大，后来他因为诸多贡献（包括用空气中的氮合成氨）而晋升为陆军上尉，他激动得流下了热泪。

连平时明智的普朗克也狂热起来,他利用校长的权力,以"正义战争"为幌子,鼓动大学生们参军报效祖国。他向学生们召唤:"德国已经失去了忍耐力,拔出利剑,对准那阴险狡诈的背叛的滋生地。"

著名奥地利作家茨威格在他的《昨日的世界:一个欧洲人的回忆》一书中写道:

> 第二天早晨就到了奥地利!每个车站上都张贴着宣布战争急动员的告示。列车上挤满了刚刚入伍的新兵,旗帜飘扬,音乐声震耳欲聋。在维也纳,我发现全城的人都头脑发昏,对战争的惊恐突然成了满腔热情。……年轻的新兵喜气洋洋地在行军,脸上非常得意……
>
> 说实在话,我今天不得不承认,在群众最初爆发出来的情绪中确有一些崇高的、吸引人的地方,甚至有使人难以摆脱的诱人之处……

德国军队在欧洲燃起了战火,破坏了人类和平的家园

在英国，一位年轻有为的物理学家莫斯莱本来可以不到前线去，但为国报效的伟大精神激励着他，他坚持应征入伍，成了一名工程兵中尉。在参军前他立下遗嘱，如果自己牺牲了，就把他所有的书及遗产全部捐赠给英国皇家学会，真个有"风萧萧兮易水寒，壮士一去兮不复还"的壮烈气概。1915年8月10日，在土耳其加里波利半岛上的一场战役中，一粒子弹夺去了他的生命，那年他才27岁。他的死给人类科学事业造成了巨大的损失，如果不是这场愚蠢的战争，他很快就会得到诺贝尔奖的。

关于莫斯莱的死，美国著名物理学家密立根说了一段人们永远不会忘记的话："有一项研究注定要被视为科学史上构思最精妙、执行最熟练、成果最具启发性的研究之一，在该研究中，一个26岁的年轻人打开了一扇窗，使我们能够以前人不敢梦想的确定性开始认识亚原子世界。如果欧洲战争除了扼杀了这个年轻的生命外，没有别的结果，单凭这一点，这场战争就会成为历史上最丑恶和最无法弥补的罪行之一。"

科学界为了纪念这位年轻而又卓越的人物，把物理、化学中的5个自然规律用他的名字命名，它们是莫斯莱公式、莫斯莱数（即原子序数）、莫斯莱序列、莫斯莱图和莫斯莱定律。

一位诗人说："杀一个人便被法律判为谋杀，绞刑架高举起庄严的手臂；而谋杀成千上万的人，却是辉煌的战争艺术，享有花哨的美名，流芳千古。"

能看清楚这场悲剧的人，在柏林恐怕只有很少很少的人，而爱因斯坦是其中的一个清醒者。

(2)《告文明世界宣言》

当德国皇帝压抑不住自己兴奋的心情而迫不及待地向俄国、法国宣战时，德国的一些科学家积极地用各种方式支持政府，为政府制造更先进的杀人武器；当德国政府背信弃义，违背国际公约，入侵比利时的时

比利时人纷纷逃离他们的家园

候,德国最有教养的一群高级知识分子不顾最基本的事实,造谣诬蔑,公开抛出了为世人所不齿的《告文明世界宣言》。

比利时是中立国,这种中立得到过欧洲列强认可,但德国却完全无视这种公意,于1914年8月13日悍然入侵比利时,进军布鲁塞尔。身着青灰色军装的无间隔的士兵像潮水、雪崩、汹涌的洪水,冲进比利时。这种入侵行为说明德军已经彻底丧失了人性。

在德国之外,人们对德国入侵的兽行不仅是震惊,而且开始抗议,并指责德国人背叛了由贝多芬和歌德等伟大德国学者、艺术家们铸就的优秀的民主的文化传统。这些抗议引起了德国政府的关注,以至于他们也觉得必须为自己遮羞和涂脂抹粉,否则会在一般人民中间引起思想"混乱"。于是在政府的唆使下,德国知识分子炮制出把他们永远钉在历史耻辱桩上的《告文明世界宣言》。

这份宣言在6个问题上做了否定，每个否定都是以"事情并非如此……"开头，通过这些否定，这份宣言拒不承认德国发动的战争有罪，拒绝为入侵比利时承担责任，并宣称如果不抢在协约国之前行动，德国就会被屠杀……总之，德国站在正义的一方，没有任何过错，过错都在协约国一方。最后，德国学者们在宣言中无耻地声称：任何反对德国军国主义的人，必然地反对德国文化。宣言中写道："请相信我们吧！作为一个文明民族，一个拥有歌德、贝多芬和康德的传统——这比家庭和故土还要神圣不可侵犯——的民族，当我们说我们将把这一斗争进行到底时，请相信我们！……我们以我们的名声和荣誉担保！"

有93位享有某种国际声誉的艺术家、科学家、牧师、诗人、律师、医生、历史学家、哲学家和音乐家在宣言上签了名，其中有著名科学家海克尔（著名进化论者）、伦琴（1901年获诺贝尔物理学奖）、埃利希（1908年获生理学或医学奖）、勒纳（1905年获诺贝尔物理学奖）、维恩（1911年获诺贝尔物理学奖）、费雪（1902年获诺贝尔化学奖），还有后来获诺贝尔奖的普朗克、哈伯、能斯脱等人。

10月4日，宣言在报纸上发表了。最具讽刺意义的是，在同一天的报纸上，整个头版都是德国军队在比利时北部城市安特卫普进行屠杀的报道。爱因斯坦看了这份宣言后，立即感到德国人欲盖弥彰却图穷匕见，但更让他吃惊和痛心的是，他发现在签名者中竟然有他的好朋友普朗克、能斯脱、哈伯和费雪。爱因斯坦怎么也想不到，真正具有绅士风度的普朗克，竟然会愚蠢到连政治野心家的谎言都看不出来，还助桀为虐、为虎傅翼，在宣言上签名！

爱因斯坦是瑞士公民，因此没有人向他要求签名，这当然避免了许多难堪和冲突，但爱因斯坦并没有因此而默不作声。他从战争一开始，就认识到这场战争是可耻的，在1914年8月19日给埃伦菲斯特的信中，他在惊诧之余痛心地写道：

> 欧洲在她发疯时干了一些使人难以置信的蠢事。在这样的

时候，人们认清了自己竟属于一个坏透了的动物物种。我单调地从事我的平静的研究和沉思，只是感到一种悲哀和嫌恶。我的亲爱的天文学家弗洛因德利希将在俄国成为战犯，不能在那儿观察日食了，我为他感到担忧。

爱因斯坦不能平静了，他走出了象牙之塔，并从此成了一位积极的社会活动家，为社会的和平、公正而奔波、呼吁。爱因斯坦成了一位真正的世界公民。

1914年10月，爱因斯坦签署了他一生中的第一个政治宣言《告欧洲人书》。

(3)《告欧洲人书》

爱因斯坦深刻地认识到德国知识分子签署发表的《告文明世界宣言》，是这些人盲目的沙文主义在作祟；更严重的是，这篇宣言对科学技术的国际合作有巨大的破坏性，他还认识到这种破坏性将远远超过战争历经的时间。于是，具有强烈责任感和正义感的爱因斯坦不再只是在象牙塔中从事"平静的研究和沉思"，他要行动起来，把这些被盲目的沙文主义弄晕了头的同事们、"好人"们从昏昏沉沉的噩梦中唤醒，于是他在一份与《告文明世界宣言》针锋相对的声明《告欧洲人书》上签署了自己的名字。

这份声明是由柏林大学教授、著名心理学家尼科莱在1914年10月中旬起草的。虽说它不是爱因斯坦写的，但它同他一生的政治思想是完全一致的。考虑到这是爱因斯坦一生中第一次签署的政治声明，所以下面摘引一些《告欧洲人书》中的重要内容。

> 我们一点也不能被弄得惊惶失措。凡是对共同的世界文化稍为关心的人，现在都有双倍的责任，为维护这种文化必须引

为依据的那些原则起来斗争。然而，那些本来可指望具有这种思想感情的人——主要是科学家和艺术家——到目前为止他们的反应，在人看来，他们几乎好像已经放弃了任何还想维持国际交往的愿望。他们以敌对的精神讲话，而没有站出来为和平说话。民族主义的热情不能为这种态度辩解，这种态度同世界上的向来被称为文化的那些东西是不相称的。如果这种精神在知识分子中间普遍流行，那将是一种严重的不幸。我们深信它不仅会威胁文化本身，同时还会危及民族的生存，而这次野蛮的战争也正是以保卫民族生存为借口发动起来的。

这一段文字鲜明地亮出了签名者的立场，与签署了《告文明世界宣言》的人清楚地划清了界线，而且尖锐地指出，《告文明世界宣言》企图用民族主义为德国的兽行辩护是徒劳的。

但他们的呼吁和希望落了空，除了尼科莱和爱因斯坦，只有两位科学家在这份声明上签字，其中有一位是"已享有声望和权威"的、年过八旬的柏林天文台台长菲斯特。菲斯特悔恨自己在《告文明世界宣言》上签了名，又态度鲜明地在《告欧洲人书》上签了名。另一位是从海德堡来到柏林做研究的比克。这样，只有4个人签名，当然使得这份呼吁书未能公开发表。

爱因斯坦并没有因为失败而停止对战争的反对，相反他真正成了"欧洲人"，他把目光和活动由德国转向了国外。在德国，由于他反对战争而被人们认为是一个"政治上古怪的家伙"。他非常鄙视德国教授们所表现的无条件的爱国主义思想，嘲笑他们那可笑的沙文主义的思想和行动；但他和普朗克、哈伯、能斯脱这些科学家仍然维持着很好的关系，他对他们愚蠢可笑的行为只能微笑着忍受。在1915年2月他写给章格的信中说：

我尽量避免参与到狂热的群众活动中。因此，我也逐渐适应了现在疯狂的骚乱。作为这个疯人院的仆人，我为什么不能生活得快乐些？毕竟我们还得尊重这些疯子，是他们住在疯人院里面，疯人院才会存在。

但他的内心仍然为德国文化惨遭破坏、人民惨遭屠杀而忧心忡忡。在 1915 年 3 月 22 日写给刚结交的朋友、法国作家罗曼·罗兰的信中，他深切地表示了这种忧虑：

当后世子孙列举欧洲的成就时，难道我们要让他们说，3 个世纪艰辛的文化努力，除了使我们从宗教的狂热堕入国家主义的疯狂，而没有再前进一步吗？今天，在两个阵营里，甚至学者们的所作所为就仿佛他们在 8 个月前突然丧失了自己的理智一样。

1915 年夏天，爱因斯坦打算到瑞士去看望儿子们和拜访住在瑞士的罗曼·罗兰。但米列娃却带着儿子们出门旅行去了，而且拒绝让儿子们和爱因斯坦见面、游玩。爱因斯坦只好推迟到瑞士的时间，直到 9 月初，爱因斯坦才终于动身到瑞士。米列娃希望与爱因斯坦重归于好，但爱因斯坦拒绝了这种想法，他只想看望儿子们。

1915 年 9 月 16 日，在爱因斯坦参加了在瑞士召开的关于反对战争的会议后，章格陪他到日内瓦湖的活韦去拜访罗曼·罗兰，这是他第一次见到罗曼·罗兰，从此，两人成了终生的朋友。罗曼·罗兰在日记中记载了这次会见：

爱因斯坦……充满活力，喜欢发出笑声。他会情不自禁地对最严肃的思想予以逗人发笑的解释。

爱因斯坦难以置信地和盘托出他对德国的看法，他住在德国，德国是他的第二祖国（或第一祖国）。任何一个德国人都

爱因斯坦和他的两个儿子（左为汉斯，右为爱德华）

不会像他那样自由地谈论德国。在这个充满恐惧的年代里，每一个处在这样的位置上的人都会由于精神上的孤立而感到痛苦，然而爱因斯坦并不这样。他经常大笑，而且在战争期间可以继续他的科学研究。我问他，在德国朋友面前，是否也同样自由地发表自己的观点。他说没有。他只是以苏格拉底的方式向他们提出疑问，为的是非难他们自满的情绪。他还补充说，人们并不喜欢这种方式。

爱因斯坦简直像先知弥赛亚一样，说德国不会"在它自己的力量引导下改过自新"，所以他希望协约国胜利，"这样就可以摧毁普鲁士的强权和它的王朝"。这一预言后来被证实是完全正确的，不过爱因斯坦也许没有料到的是，第一次世界大战后第一次的"摧毁普鲁士的强权和它的王朝"，还是没有使德国改过自新；一直到1944年第二次世界大战再次摧毁第三帝国，德国才终于真正地开始悔过、改过自新，才出现了西德总理在波兰犹太人墓前下跪忏悔的感人一幕。

爱因斯坦似乎又想起了一件好笑的事，先突然笑出声来，然后说出下面这件可笑而可怕的事情。在每一次柏林大学理事会会议结束后，教授们都要大喝一顿啤酒，喝酒之时，教授们每次都会提出一个相同的疑问："我们在世界上为什么如此被人憎恨？"然后每人给出一个回答，但没有一个人敢于道出其中的真相。要么左顾右盼而言其他，隔靴搔痒，不着边际，要么胡说八道一通。

1918 年 11 月 9 日，威廉二世在革命的压力下退位，并作为一个流亡者躲到荷兰的多恩，在那儿他生活了 23 年才去世。他直到生命的最后一刻还指望"他的国民会把他召回德国"。德意志皇帝的梦想在 1918 年之后烟消云散，一去不返。那年，德意志共和国成立。

1918 年 11 月 11 日，即停战之日，爱因斯坦给在瑞士的母亲寄去了报平安的明信片。在明信片上他写道：

> 伟大的事变发生了！我曾经害怕法律和秩序完全崩溃。可是到目前为止，运动以真正宏伟的形式终结了，这是可以想象的最为惊心动魄的经历。……能亲身感受这一经历是何等的荣幸！……我为事态正在发展的方式感到十分愉悦。只有现在，我在这里才确实感到自由自在。战败创造了奇迹。学术共同体把我看成是一个首要的社会主义者。

爱因斯坦的政治思想一生中没有重大的改变，他最重视和关心的是个人尊严和思想自由，他认为这是所有社会中最根本的原则。他之所以在给妈妈的信中如此欢呼帝国的崩溃和共和国的建立，就是因为他对民主理想抱有最诚挚的信念。

当时，爱因斯坦和许多人一样，相信一个自由、民主和社会主义的德国就要诞生了，就像他在给妈妈的明信片中写的一样，他欢呼光明的前途和伟大的民主进程，但这种乐观主义不久就烟消云散了。后来，爱因斯坦想起这些事就觉得可笑。1944年7月7日，他写信给玻恩说：

> 你是否记得，1918年，我们同乘一辆电车到国会大厦，那时我们……都是40岁的人，想法还那么天真。想起这件事我就会觉得好笑，你我两人都不知道，脊椎的作用远比大脑重要，而且前者的支配力量要大得多。

（4）与爱尔莎结婚

1917年初，爱因斯坦的身体出现了严重的毛病，38岁的他不得不为自己"摇摇欲坠"的身体而担心。开始他觉得不舒服，打不起精神来，但他还像以前一样满不在乎，但后来麻烦越来越多，他先后患了肝病、胃溃疡、胆结石……

饮食糟得不可想象。1916年大灾，在德国连土豆都吃不上了，接着而来的冬天是让人谈虎色变的"萝卜冬天"。就像我国"大跃进"以后的饥饿年代用"瓜菜代"一样，德国人也只有"代用面包"和一些非常规的食品来填一下肚子。

在这种情况下，爱因斯坦病得起不了床。幸亏爱尔莎用她的爱心、能弄到各种食品的巧妙方法和高超的烹调技术，才使爱因斯坦的病情逐渐有了好转。

1917年夏天，爱因斯坦搬到了爱尔莎家隔壁的一套公寓里，这样爱尔莎可以更方便和更有效地照料他。快到1917年年底时，爱因斯坦在一封给朋友的信中写道："自去年夏天以来，我的体重增加了4磅，感谢爱尔莎的细心照料。她亲自给我做每一种饭菜。"

尽管得到了精心的照料，以及从南方亲戚的瑞士朋友那儿弄到一些正常的食品，改善了饮食，但爱因斯坦在1918年还是在床上躺了几个

1916年前后的爱因斯坦

月。正是这一年,爱因斯坦一定体会到了单身汉的种种不便,他决定和爱尔莎结婚。

1919年6月2日,爱因斯坦和爱尔莎结了婚,他从单身时住的公寓里搬到了爱尔莎的住处。爱尔莎住在公寓顶层,爱因斯坦立即发现住顶层有一个额外的好处:他可以把顶层之上的两个阁楼租下来,改成书房。阁楼的斜墙构成了一个与众不同的书房,窗前放了一张桌子和一把椅子,墙上挂着牛顿和法拉第的画像。家里的人一律不准上楼进他的房间,爱因斯坦在这个安静的角落里工作、学习、接见来访者,这里还是威廉皇帝物理研究所的总部。在所有的研究所中,恐怕这个物理研究所是世界上最奇特的研究所了。1913年他就被任命为这个研究所的所长,但他却一直是孤家寡人一个。大约在1917年,爱因斯坦才申请给他派一个秘书,每周工作3天,月工资50马克。这个工作后来由爱尔莎的大女儿伊尔莎担任。

爱因斯坦大部分时间穿着极不讲究,待在他可心的书房里,而不愿下楼不舒适地坐在"漂亮的家具、地毯和壁画"之间。有一次一位记者爬上顶层阁楼,走进了爱因斯坦的书房,书房的整洁、书柜里无数的英文书籍以及墙上的牛顿画像给他留下了深刻的印象,但更让他永远无法忘记和惊愕的是爱因斯坦的穿着,爱因斯坦穿着破旧的裤子和套头的毛衣,毫不在意有客人来访。爱因斯坦就是喜欢穿着让他感到无比自在的衣服,无拘无束地驰骋在他思想的空间里。

爱尔莎是一个迷人、快活、勤快的女人,她不像米列娃那样了解物理,她也不像米列娃那样严厉和过分敏感,她天生是一个快乐的人,喜欢和作家、艺术家乃至政治家来往,而爱因斯坦与科学家的交往更多一些，但爱尔莎并不坚持爱因斯坦必须怎么样，她比较随和。对于爱因斯坦的名气，她十分满意，至于他的物理学，她才不去关心呢。在战争还没停止时，有一次她对一位客人说："我十分清楚阿尔伯特是一位多么了不起的物理学家，这些日子我们去买各种罐头食品，这种铁罐头没有人知道如何才能打开。通常它们都是外国生产的，外包装生锈、变形了，开罐器也都丢失了。但是到现在为止，还没有一个罐头是我们的阿尔伯特打不开的。"

瞧，爱尔莎多么为"了不起的物理学家"爱因斯坦自豪啊！爱因斯坦也并不需要爱尔莎懂得什么物理学，他只希望她能为他安排一个可以安心工作的环境而且不唠唠叨叨地打扰他就行了。对于这一点，爱尔莎的确胜任而且游刃有余。

由照片上可以看出，爱尔莎是多么爱她的爱因斯坦啊！

当然，爱尔莎作为爱因斯坦的妻子，也要承受许多痛苦和外人的埋怨，不过她很想得开，知道世上没有绝对完满的婚姻。她宽容地说："人们不能对他过于苛求，否则就会发现他的缺陷。任何天才都有缺陷，他怎么会没有呢？这是不可能的，世间不可能有这样的事。有得必有失，人无完人嘛。我们应该全面地看待他，切不可从一个框框里去看他，否则只会给人们带来失望。上帝已经赋予了他那么多美丽的东西，尽管在他身边会感到沮丧和困难，但除此之外我认为他非常棒。"

12/广义相对论被证实,爱因斯坦成为世界名人

▶ ▶ ▶   ------------------------

爱因斯坦是天才,人们不会否认,但是他付出了多么辛苦的劳动,却是很多人并不清楚的。1915年1月至1917年2月,正是他人生旅途中最艰难困苦的时期,他面临着家庭破裂、战争爆发和好战环境,但爱因斯坦却还是在这一时期获得了他一生中最大的科学丰收。据统计,在这15个月中,爱因斯坦一共写了15篇科技论文,包括广义相对论辉煌的胜利、非常重要的有关量子理论的文章,以及关于建立科学的宇宙学基础的文章。

1915年11月25日,爱因斯坦第4次在科学院例会上报告了他的广义相对论的最终研究成果。他宣称:

> 广义相对论终于以一种逻辑合理的结果被我掌握。……我们得到了完全令人信服的、确实的引力理论,并由此解释了水星近日点的运动。

爱因斯坦兴奋地把他的成功告诉好朋友们,让他们与他共享他的快乐。12月3日他写信给章格:"这个理论有无可比拟的美。"12月9日他写信给索末菲:"你一定要仔细看一看这些方程,这是我一生中最有价值的发现。"12月10日他写信给贝索:"如今我终于实现了最大胆的

梦想——广义的协变性。水星近日点的运动结果惊人的准确。后者从天文学的观点看来,已是十分可靠的了。"

1916年,爱因斯坦在《物理学年鉴》第4辑第49卷上发表了广义相对论的确定文本

1915年11月25日是广义相对论最终建成之日。这一系列关于引力的文章是由一系列错误组成,因此整个推论过程十分混乱,为了使人们比较容易接受广义相对论,实在很有必要写一篇综述性的文章,就像狭义相对论建成之后，由劳厄写了一篇综述性文章一样。那次总算有人代劳，但这次恐怕没有人敢代劳了，广义相对论太深奥，它的物理概念连理解起来都十分困难，谁还敢代笔？爱因斯坦想请洛伦兹做这件事，没有得到响应，最后只有他自己来做这件工作了。1916年3月，《广义相对论的基础》完成，后来该书被一位出版商印成单行本，成了爱因斯坦的第一本书。

1916年底，爱因斯坦又写了一本尽量少用数学的书《狭义与广义相对论浅说》，这本书适合受过物理学和数学基本训练的读者。虽然这本书只用了很少的一点初等数学知识，但是一般人想看懂仍然非常困难。正如普朗克十分风趣地说的那样："爱因斯坦以为他在书中不时加入一些'亲爱的读者'，就能使他的书被人们理解。"这是没有办法的事，即使到了21世纪，又有多少人看懂了广义相对论呢？它太深奥了，离人们熟识的知识太远。

在广义相对论里，空间、时间的结构完全取决于质量分布；由此，几何学进入了新的时代。根据这种解释，在质量巨大的天体如太阳的周围，空间结构发生弯曲，就像一个铅球放在橡皮膜上，橡皮就会凹下去；太阳系中各行星绕着太阳沿轨道运行，正是因为这些行星滚进了弯曲空间的一道"沟谷"。更准确地说，行星走的路线，取决于太阳质量引起的空间弯曲。

德国天文学家史瓦西利用广义相对论研究了宇宙中的星体，还得出了一个非常著名的结果。史瓦西是第一个利用广义相对论做进一步研究的人，所以爱因斯坦分外高兴。

的确，在20世纪20年代，很少有人相信爱因斯坦的广义相对论，他只能盼望通过1919年的日食观测得到光弯曲的测量结果来证明他的广义相对论。

爱因斯坦曾经像教主一样地预言："任何人只要充分理解了广义相对论，就无法回避它的'魔力'。"

英国著名的物理学家和天文学家爱丁顿果然着了魔。

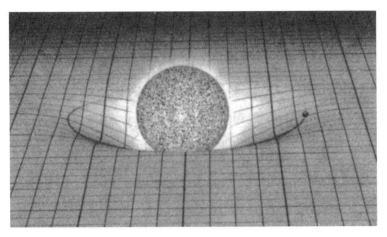

大质量物体使空间结构发生弯曲，就像一个铅球放在橡皮膜上

爱丁顿激昂的热情影响了他的朋友戴森爵士。戴森是英国皇家天文学会会员、格林尼治天文台台长，他也着了魔，迷上了广义相对论。他们两人制订了一个考察计划，如果条件允可，就组织考察队在1919年5月29日观测日食，以检验相对论的光弯曲预言。后来考察如期举行，并证实了广义相对论，对此爱丁顿说："这是我在天文学研究中遇到的最激动人心的事件。"

的确如此！在这一考察实施的过程中，有许多非常有趣的事情发生。

在考察完成后，有一次钱德拉塞卡钦佩地对爱丁顿说："我非常钦佩您的科学敏感性，在（广义相对论的）未来显得异常暗淡的情况下，还制订了那次远征计划。"

爱丁顿的回答让钱德拉塞卡大吃一惊："爱丁顿对我的评价未作任何赞许，还告诉我，如果全由他自己决定，他绝不会组织那样的考察，因为他完全相信广义相对论的正确性！"

12/广义相对论被证实，爱因斯坦成为世界名人

那么爱丁顿为什么参与、制订计划，组织考察队进行日食观测呢？这又有一段故事。1917年，战争已经进行了两年多，英国颁布了战时征兵法令，爱丁顿当时34岁，正符合征兵条件，但爱丁顿是虔诚的教友派信徒，因此他肯定会拒服兵役，这就必然会使他受到政府严厉的惩罚。罗素已经因为拒服兵役和谴责英国参战而被罚款、拘禁（未实施）。为了避免这种尴尬事情的发生，剑桥大学的朋友们立即出面为爱丁顿说情，说爱丁顿是著名的科学家，让他服

英国最著名的物理学家和天文学家爱丁顿爵士

兵役不符合英国的利益。当时莫斯莱的牺牲已经让英国政府和各界感到损失太大，因此内政部同意让爱丁顿缓服兵役，并寄回一张证明表格之类的文件，附上爱丁顿的签名就可以了。大家都为这一结果感到满意和高兴，但爱丁顿偏又捅了一个篓子，他签了名，但又加上一个附注，说如果不能因为表格上所述的理由缓服兵役，他就会以基于道义的反战立场要求缓服兵役。这个附注当然让内政部无法忍受，连帮助他的朋友拉莫尔爵士也十分生气。爱丁顿却说，当他的教友派朋友们因拒服战时兵役而在北爱尔兰军营里服役时，他认为他应该和他们在一起。后来，在戴森的调解下，爱丁顿还是缓服兵役，但条件是如果战争在1919年5月前结束，他必须带领一支考察队去验证爱因斯坦的预言。

幸运的是，战争真的在1919年前结束了。1919年2月，两支远征考察队同时出发。爱丁顿和柯丁罕领导的考察队去西非几内亚湾的普林西比小火山岛做观测，戴森和克罗梅林领导的考察队则去巴西北部的索伯拉尔进行观测。

盼了几年的5月29日终于来临，戴森几年前就指出，这一天发生的日食是观测光弯曲不可多得的良机，几十年甚至上百年才有这样一次

幸运的日子发生日全食。可是最令人担心的事情出现了：发生日食的那天是一个阴雨多云的天气，考察队的队员们几乎失去了任何成功的可能性。但爱丁顿他们仍然进入全力以赴的工作状态，在302秒的日全食过程中，紧张地拍摄着日食照片。

日食结束以后，爱丁顿马上给英国皇家学会发去电报："穿过云层，有点希望。爱丁顿。"接着，他们就开始进行对比测量。1月份，当太阳不在观测的星域时，他们就拍下了这一星域的照片，以便在日食发生时与同一星域的照片进行对比。由精确的对比测量，即可算出光弯曲的数值。爱丁顿他们担心归途中发生意外，所以立即开始检测。我们知道，一弧秒的偏差在底片上的反映只有六十分之一毫米，可见检测需要多么高的精度，更何况各种意外的因素（如湿度导致仪器在检测时出现偏差，底片乳剂因热带气候出现膨胀等），都可能导致最终检测的毁灭性失败。幸运的是，在日食快结束前，云层变薄了，尽管许多底片报废，但有两张底片上出现了我们千期万盼的毕宿星团的图像。经过精密的测量，与1月拍摄的照片对比，两张照片显示出明显的偏差，十分符合爱因斯坦的理论值。

爱丁顿回忆说："天文测量中所得到的数值与理论预言的一样大，所以一张底片几乎就可以决定问题的结果，尽管肯定还需要通过其他底片来加以证实。日食三天之后，计算最终完成，我知道爱因斯坦的理论经受住了考验，科学思想的新观点取得了胜利。柯丁罕用不着孤身一人回家。"

1919年5月29日，爱丁顿的考察队拍摄的日食照片。由于在太阳边缘的光线发生了弯曲，靠近太阳的星体好像稍稍地发生了移动

12/广义相对论被证实，爱因斯坦成为世界名人

爱因斯坦从洛伦兹那儿先得到消息，知道日食观测成功。6月11日，他写信给他的母亲："据荷兰的一份报纸报道，两支远征队都非常成功地拍摄了日食，6周以后，会知道观测结果。"9月26日，正式消息还没有公布，但爱因斯坦从洛伦兹那儿得知观测日食的结果证实了他的判断。他很快将这一消息告诉了母亲，在9月27日给母亲的信中写道："今日接到电讯，洛伦兹来电称，英国考察队证实了光在太阳附近发生偏转。"

1919年11月6日，英国皇家学会主席J.J.汤姆逊主持了皇家学会和皇家天文学会联合会议，会上报告了这次科学考察的结果。当时参加了会议的数学哲学家怀特海后来对这次会议做了如下描述：

> 整个会议气氛热烈，人们兴趣浓厚，犹如一出古希腊的戏剧。我们则是给在超级事件发展中所揭示的天意做注释的合唱队。现场充满戏剧色彩，传统的仪式背景中有一幅牛顿画像，它仿佛在提醒我们，200多年前所做出的最伟大的科学总结现在要接受第一次修正。在不缺乏个人兴致的情况下，一场伟大的思想领域内的探险终于安然结束了。

英国皇家学会主席 J. J. 汤姆逊

的确，会议真是"充满戏剧色彩"！考察队公布了测量结果，在普林西比测得的是1.63弧秒，在索伯拉尔测得的是1.98弧秒，两个结果都否定了牛顿值，它们的平均值与爱因斯坦预言的1.74弧秒非常接近。

皇家天文学会的主席福勒支持考察队得到的结论，然后大家等待著名物理学家洛奇的发言。他曾经公开打赌，说绝不会有什么光偏转，即使有也肯定是牛顿值。洛奇当时任伯明翰大学校长，他听了大家的发言后，竟一言不发地离开了会场，让在场的人大吃一惊。

J.J.汤姆逊赞扬了爱因斯坦，也同时赞扬了伟大的牛顿，他又说：

> 这次测出的这个结果并不是孤立的，它是科学思想整体的一部分，影响着物理学最基本的概念……它是牛顿时代以来引力理论方面得到的最重要的结果，因而应当在和牛顿密切相关的皇家学会的会议上宣布，这样做是十分恰当的……

11月7日，伦敦报纸对这一重大科学事件进行了大量报道，《泰晤士报》以"科学中的革命·新的宇宙理论·牛顿的概念被推翻"为标题报道了这次会议。报道中说："观测结果决定性地证实了著名物理学家爱因斯坦的预言，而且皇家学会的主席宣称这是发现了被预言存在的海王星以来最惊人的事件。"

接下来的几天，伦敦媒体继续介绍新的引力理论，以及牛顿是否被打倒，剑桥是否"完蛋"之类的问题。在1919年11月之前，《纽约时报》上从来没有关于爱因斯坦的任何报道，在11月10日，该报以"天上的光线全部是弯曲的"为题报道了"爱因斯坦的理论取胜"。此后，《纽约时报》上每年都会有关于爱因斯坦的报道，直到爱因斯坦去世。

1919年11月7日，一夜之间，爱因斯坦成了世界最著名的人物。并且从此受到世界大众的崇拜。直到21世纪，这种崇拜似乎仍然没有消退。

12/广义相对论被证实，爱因斯坦成为世界名人

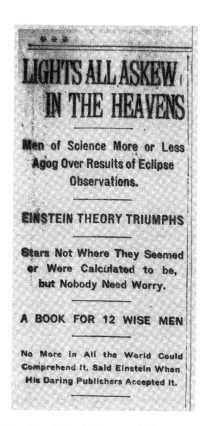

1919 年 11 月 10 日《纽约时报》："天上的光线全部是弯曲的。"

但爱因斯坦对这种过分的吹捧、崇拜早就有批判的看法。1919 年 11 月 28 日，在为《泰晤士报》写的一篇通俗的介绍中，爱因斯坦在开篇处感谢英国科学家的努力，肯定观测的重大价值；最后，他在文章末尾的附注中写道——

> 你们报纸上关于我的生活和为人的某些报道，完全是出自作者的活泼想象。为了逗读者开心，这里还有相对性原理的另一种应用：今天我在德国被称为"德国学者"，而在英国则被称为"瑞士的犹太人"。要是我命中注定将被描写成一个最讨厌的家伙，那么就该倒过来，对于德国人来说，我就变成了

"瑞士的犹太人";而对于英国人来说,我却变成了"德国的学者"。

后来发生的事情证明爱因斯坦的这段话绝不是"逗读者开心"的话,而是惊人的预见。即使当他的成就让德国科学院极为兴奋时,他也非常冷静。他太了解德国人可怕的无情和没有同情心的本性。这些事情,读者将在后续章节中看到,这儿就此打住。

但对广义相对论在公众中所引起的长久的、充满激情的崇拜,连爱因斯坦也觉得十分奇怪。在1942年他说:"是什么原因产生了这么持久的心理效应?对于这个问题,我从来没有听到令人信服的答案。"

据说美国著名的电影演员卓别林曾经对爱因斯坦幽默地说:"公众欢迎我,是因为他们了解我;他们欢迎你,是因为没有人了解你。"

卓别林的话也许有一点道理。

卓别林与爱因斯坦在《城市之光》的首映式上

13/受到攻击

▶ ▶ ▶ ------------------------

第一次世界大战结束了，但战胜国对于如何获得欧洲最终的和平意见很不一致，有时甚至相互矛盾。法国首先需要安全保证，以防止德国东山再起，它还希望今后能在欧洲占统治地位，延续拿破仑时代就有的梦想。而英国则不同，它希望保持势力平衡，不赞同过多地削弱德国。但法国坚持己见，并因德国欠缴战争赔款费用和比利时于1923年出兵占领鲁尔工业区，迫使德国偿还拖欠的赔款。结果，德国立即陷入灾难性的通货膨胀之中，德国马克急剧贬值，人民的储蓄于一夜之间变成废纸。德国人民的愤怒与仇恨日益强烈，这就为日后纳粹分子上台铺平了道路。

正是在这种动荡、民族主义情绪日益高涨之时，爱因斯坦被迫陷入了政治漩涡之中。

在德国战败后不久，不仅是德国，就是英国、法国这些战胜国的民族主义情绪也十分强烈，例如英国皇家天文学会曾于1919年12月将皇家天文学会金质奖章授予爱因斯坦，但由于"爱国"会员的抵制，这一年干脆没有颁发奖章，一直到1926年爱因斯坦才获得这枚奖章。

1921年1月31日，爱因斯坦在回答伦敦《观察家》记者提问时就明确指出，他的所言所行，已经引起了德国民族主义者的恼怒和仇恨："德国对我的和平主义和一般的政治倾向怒气十足，这种恼怒由于它不安的政治局势而得到增强。在这种情况下，我要做评论几乎肯定会受到误解，可能还会引起弊大于利的后果。"

1919年，爱因斯坦在呼吁和平的会议上讲话

但爱因斯坦不甘心沉默，虽然这时他已经受到了粗暴恶毒的攻击，他还是与各国学者联系，而不在意德国民族主义者乘机大做文章。1921年3月21日，他写信给法国科学家卡瓦洛说："我一直认为，增进学者之间的关系而做我能够做的一切事情，是我最神圣的责任之一。对于生活在战败国的人来说，这是不容易的。如果他表现出某些保留，国外的人认为他不友好；如果他表现得愿意合作，国内的人会认为他不忠诚……"

这正是爱因斯坦的处境。当他被邀请出席战后继续举行的索尔维会议时，由于大会只邀请他这个唯一的德国学者参加，而拒绝其他德国学者参加，爱因斯坦认为这样做是很不恰当的，是把政治因素不恰当地带进学术活动的表现，因此他谢绝出席。他认为，科学家个人不应该对他所属国家的政府负责。这种谢绝会让德国人高兴，但英、法、比诸国学者自然会认为他"不友好"。而当爱因斯坦呼吁和解、增加交流时，德国人就会责备他"不忠诚"，向敌国摇尾乞怜。事实上，爱因斯坦在1919年就开始受到攻击了。

应当为战争和战争失败负责的罪魁祸首，他们绝不会自责。相反，他们无耻地利用他们的支持者散布一种可怕的观点：战败的根本原因是内部的背叛，尤其是犹太人的背叛更为致命。这种观点一旦散布流传开来，就必然引起极端的、毫无理性的反犹太人的情绪；即使是受过高等教育的人都无法避免被这种情绪感染，而且这类人一旦受到感染，就会具有更大的危害性。1919年，在巴伐利亚地区爆发了驱逐非本地出生

1919年德国公众的反战示威，标语牌上写的是："绝不再要战争！"

的犹太人的事件，国家主义的大学生竟然公开地、毫无顾忌地恐吓说："割断那个犹太人的喉咙！""那个人"指的就是爱因斯坦。

爱因斯坦迅速成为反犹太人恶浪中最显眼的靶子。这其中的原因大致有两个方面：首先是爱因斯坦世界性的声誉招来了嫉妒引发的仇视；其次，他的有关和平主义和国际间相互理解、增进交流的主张，完全不对德国右派政客的口味。在战争结束以前，柏林军区的司令官就曾写信给柏林市警察局，指出和平主义的传播是十分危险的，并提供了一份和平主义者名单，其中就有爱因斯坦的大名。战后，爱因斯坦继续致力于和平主义的宣传，更让政府当局十分恼火。

当英国的日食远征考察队证实了广义相对论的一个预言以后，爱因斯坦名声大噪，于是他的敌人们决心利用一切可用的手段，剥夺他的成就和名声。

第一次针对爱因斯坦的行动发生在1920年2月上旬。事情的原委和爱因斯坦在柏林大学举行的"相对论入门"的讲座有关。该讲座几乎成了到柏林的参观者非去不可的景点,旅客在参观过勃兰登堡门之后,就多半会去听爱因斯坦的演讲。听不听得懂是小事,关键是一睹伟大学者的风采。这些听讲者肯定扰乱了课堂的正常秩序,一方面真正听课的学生很难找到座位,再者这些参观者多半听不懂爱因斯坦在讲什么,因此多半会中途离开教室。交了费的学生愤而要求校长禁止这些参观者任意进教室听课,但爱因斯坦不反对这些参观者听演讲,他甚至抗辩说任何人都可以听他的演讲。对于这些好奇的人,他可以在演讲开始一定时间后宣布休息几分钟,让这些人有秩序地退场。学生和爱因斯坦的意见不一致,使得学生会中的右派极端分子觉得有机可乘,由此引发了骚动。学生会中的右派极端分子提到"被人类逐出的人",而左派声称这是"一大群反犹学生的暴行"。校长立即声明此事与反犹风马牛不相及,教育部也立即发表一个声明,以平息这件事。《柏林日报》的文章中指出:"这次抗议与政治毫无关系,更没有丝毫涉及反犹的地方。"

德国柏林著名景点勃兰登堡门(20世纪30年代)

人们争相一睹爱因斯坦的风采

爱因斯坦认为,虽然报道声明抗议与反犹无关,"但其中的含义却可以使人作这样的理解"。2月12日,双方在一起讨论这个问题,学生会的代表认为爱因斯坦的讲座既然面对大众,就应该免费,原来交的听课费用应退还给学生。爱因斯坦同意这种解决办法。

在这次学生骚乱中,爱因斯坦公开把自己的名字与反犹太人活动联系在一起。

接着发生的事件表明,爱因斯坦和他的相对论成了被直接攻击的目标。一些政治极端主义分子和投机分子在德国政治形势动乱之际,认准攻击爱因斯坦是成名的大好机会,于是一个叫魏兰德的人乘机组织了一个"保卫纯科学"的"德国自然哲学家研究小组"(爱因斯坦戏称之为"反对相对论有限公司")。这个魏兰德是一个大骗子,他有大量的金钱使他可以收买物理学家，让他们公开在《柏林日报》上反对相对论。显然，他很有可能受雇于某个躲在幕后的人。

8月初，魏兰德在《每日评论》上发表了一篇文章，他把爱因斯坦诽谤为"新的马格努斯"。马格努斯是德国的化学家，据说他通晓一切，魏兰德意在讽刺爱因斯坦。魏兰德完全不顾事实地说："马格努斯先生最近复活了，在阅读黎曼、闵可夫斯基、洛伦兹、马赫、格柏和帕拉齐以及其他思想家的严肃的著作之后，清了清喉头，发出了怪声。科学界被震惊，世人在诧异。世界崩溃了。爱因斯坦先生在与全世界捉迷藏。他只要一开始思考，现在和将来的一切都成了相对的。"

1920年8月24日出现了更严重的事件。这一新成立的"研究小组"在柏林最大的音乐厅召开了一个"声讨相对论"的大会，目的是要"批判相对论及其创作的低级趣味"。爱因斯坦怀着好奇和厌恶的心理也参加了这次大会。在整个"声讨"期间，他和他的继女坐在一个私人包厢里，不时无可奈何地苦笑一下。后来，一家报纸报道了会议的情况，这使我们可以对"声讨"大会的内情略知一二。

> 魏兰德先生的重炮瞄准了爱因斯坦。他攻击爱因斯坦杜撰事实，却没有一句能解释狭义相对论的理论构成。捍卫爱因斯坦的物理学家统统受到责难，爱因斯坦和他的朋友们，以及传播相对论的报纸都受到了谴责。人们根本弄不清魏兰德在讲什么，也不知道他一再喊叫"关键的一点"是什么意思。魏兰德先生回答友善的提问时总是一次又一次大声地喊叫："一致同意把这个骗子扔出去！"除此之外，在宣读一篇反犹太人的通告中，他指责爱因斯坦的一个公式是别人的东西，而爱因斯坦只不过毫不费力地把它剽窃过来了。

魏兰德还列举了一些莫须有的"剽窃"罪名。这时听众中传出警告的吼声，魏兰德立即将话题转到了"关键之处"，即"剖析相对论"。他认为相对论什么也不是，至多是一个"质量猜想"，是一个人在精神错乱时出现的某种近于幻想的产物。

魏兰德的发言对于像劳厄、鲁本斯、普朗克这类科学家来说，纯粹是胡说八道，他们只会嗤之以鼻；但对一般人来说，却有很大的迷惑性。这种战术后来被纳粹用得得心应手。爱因斯坦感知到其中邪恶的敌意，事实上后来他每天都会收到一些恐吓信。

劳厄讲过一件事，足以说明魏兰德之流的谎言的蛊惑作用。有一天晚上，劳厄的妻子想去看望爱因斯坦，当她走进爱因斯坦住的公寓楼以后，因为拿不准是不是走对了，就问一位刚走进楼房的穿着讲究的人："请问，爱因斯坦先生住在这儿吗？"那位穿着讲究的人回答说："不幸得很，他还住在这儿！"

但是，魏兰德发动的这场对相对论和爱因斯坦的攻击引起了德国一些著名物理学家的愤慨。在柏林音乐厅"声讨"大会后的第二天，即8月25日，劳厄、能斯脱和鲁本斯就联名写信给柏林各大报纸，发出一则声明，《柏林日报》刊载了这则声明，声明指出：

> 我们不想在这里来谈论我们对于爱因斯坦发现相对论的那种渊博的、可以引为范例的脑力劳动的意见。惊人的成就已经取得，在将来的研究工作中当然还一定会有进一步的证明。此外，我们必须强调指出，爱因斯坦除了研究相对论，他的工作已经保证他在科学史中有一个永久性的地位。在这方面，他不仅对于柏林的科学生活，而且对于整个德国的科学生活的影响大概都不是估计过高的。任何有幸亲近爱因斯坦的人都知道，在尊重别人的文化价值上，在为人的谦逊上，以及在对一切哗众取宠的厌恶上，从来没有人能超过他。

这则声明还在许多报纸上刊登了，甚至在刊登魏兰德攻击性文章的《每日评论》上也刊登了。作为反驳魏兰德等人的无耻行径的檄

德国物理学家勒纳，
1905 年获诺贝尔物理学奖

文，这则声明已把这事件的本来面貌揭示清楚了，但爱因斯坦大约被这帮"臭虫"咬得十分不耐烦了，竟克制不了自己的厌恶、恼火的情绪，写了一篇饱含愤怒的文章，发表在 8 月 27 日《柏林日报》的头版，为整个反爱因斯坦事件凑了一份热闹。爱因斯坦明知道攻击他的人"不值得我用笔去回答"，却仍然不必要地大发雷霆，发泄了自己的愤怒。他在《我对反相对论公司的答复》一文中怒气冲天地点了勒纳的名，他写道：

在有国际声望的物理学家中间，直言不讳地反对相对论的，我只能举出勒纳的名字来。作为一位精通实验物理学的大师，勒纳值得我钦佩；但是他在理论物理学中从未干过一点事，而且他反对相对论的意见如此肤浅，以致到目前为止我都不认为有必要对它们进行详细回答。我现在打算纠正这种疏忽。

爱因斯坦还以挑战的姿态声称："我注意到，在巴德瑙海姆的科学家集会上，由于我的建议，已经安排了关于相对论的讨论。任何想反对的人，都可以到那里去进行反对……"

勒纳是一位有开创性贡献的实验物理学家，1905 年因阴极射线实验方面的贡献获诺贝尔物理学奖。在光电现象实验方面，他也取得了重要的成就，但他对理论物理的确很不在行。虽然他想用他的"触发假说"来解释他在光电效应实验中的发现，最后却被爱因斯坦的"光量子假说"取而代之。他对他周围的人似乎总有无穷的埋怨，总有说不清的敌意。爱因斯坦的广义相对论他无法理解，爱因斯坦飙升的名声更使他有无名的怒火。现在爱因斯坦在报纸上公然向他挑衅，他非常愤怒。看来，9月底德国自然科学家和医生协会在巴德瑙海姆召开的全体大会上，将会爆发一场恶战。

1920年9月19日，大会如期在巴德瑙海姆举行。23日被确定为辩论相对论的日子，由普朗克主持辩论。他感到肩上的担子很重。德国科学界正获得世界的承认，如果这次会议上发生严重的混乱，那对刚刚复苏的德国科学界的声誉将是一场可怕的灾难。

普朗克致开幕词，用稍带正式的腔调先后承认辩论的双方都有一些道理。这次会议差不多是勒纳与爱因斯坦之间的一场争论。观众的目光都集中在这两个对手身上。勒纳不停地进攻，爱因斯坦却巧妙地应对。爱因斯坦在弄懂了勒纳所有的反对意见后，立即以一种鲜明的、有所保留的方式加以反驳。

4小时终于挨过去了！上帝保佑，没有出什么严重的问题。争论双方都保持了克制，基本上在一种学术讨论中进行交锋。时间一到，普朗克舒了一口气，立即做了总结，最后他还十分幽默地说："不幸的是，相对论还没有扩展到我们会议中来，因此现在休会。"

普朗克从来没有如此机智幽默过，他显然如释重负。

会议结束后，索末菲十分高兴地在10月7日写信给爱尔莎说："整个危机结束了，我十分高兴。您的丈夫以及他那和蔼和实事求是的态度战胜了危机，这是他的对手勒纳所不具备的品质。"

但爱因斯坦显然不像索末菲以及许多德国物理学家那样如释重负，以为"整个危机"真的"结束"了。他知道，这还只是邪恶的反犹浪潮的开端，恶浪还在后面。而且，巴德瑙海姆会议已经给他的内心埋下了深沉的痛苦，与这种已经不具有科学家素养的骗子争辩，实在痛苦，甚至使他失去了所有的幽默感。第二年在耶拿召开相同的会议时，爱因斯坦已经没有任何兴趣去参加。1921年秋天，他说："去年在巴德瑙海姆，那些大人物给我造成了很多的麻烦。我正努力远离那些暴徒，并且做到了这一点。"

事实上，爱因斯坦是对的，在巴德瑙海姆会议之后，勒纳开始用令人厌恶的反犹太人的邪恶思想来标榜自己反对相对论，一位得过诺贝尔奖的科学家也由此彻底堕落。

1922年，勒纳在一次科学会议上的发言已经完全不是科学讨论，而成了狂妄的吠叫："爱因斯坦的相对论只是一种狂热的推测，是犹太人的游说，根本与科学不相容。"实际上，是他自己狂热、恶毒的嫉妒心使他失去了理智而疯狂，并"与科学不相容"。

1933年3月，希特勒登上了总理宝座，勒纳受到纳粹的重用，于是，他更肆无忌惮地在纳粹的机关报上叫嚣："犹太人对科学研究有很危险的影响，其证明之一就是爱因斯坦先生的理论！这个理论是一盘大杂烩！我们以前把这个犹太人当作一个好德国人，这是多么严重的错误啊！"

幸好这时爱因斯坦已经逃离德国，否则他就会同被屠杀的600万犹太人一样，被送进集中营的焚尸炉。

为了报答希特勒的"恩遇"，勒纳不仅仅要打倒爱因斯坦，他还要证明德国人是世界上最优秀的人种，理应统治全世界，他声称："我们通常所说的自然科学，完全起源于德国人中的雅利安人，德国人今天必须自己走出一条路来。"他说到做到，从1936年到1937年，居然挖空心思地炮制出一套4卷本的《德国物理学》。在这套书的前言中，勒纳大放厥词："德国物理学是雅利安或北欧人的物理学，是那些客观实在的探索者和真理追求者的物理学。科学是由种族来决定的。"

他还说，凡是过分抽象的理论就应该归属于"犹太物理学"，而"犹太物理学"的代表人物就是爱因斯坦。

爱因斯坦与爱尔莎 1921 年于柏林

14/获得诺贝尔物理学奖

▶ ▶ ▶　--------------------

爱因斯坦要获得诺贝尔奖是迟早的事情，他在与米列娃离婚时就把这一点以协议的形式写进了离婚的文件中：今后如果获得了诺贝尔奖，其奖金将全部归米列娃所有。爱因斯坦本人对获奖的兴趣并不大，但对于这笔奖金恐怕就"情有独钟"了。由于法国占领了鲁尔工业区，德国工业几乎全面衰退，德国货币马克的币值暴跌。可怕的困苦影响到了包括爱因斯坦在内的中产阶级，他们储蓄的价值一夜之间跌到谷底，基本食品的价格高得惊人。到1923年11月，1万亿马克纸币的购买力只等于1914年的1个德国马克。爱因斯坦用自己在德国的薪水根本养不活米列娃母子三人。为了挣更多的外币养活他们，他不得不频繁地到国外讲学，并把挣得的外币违法地藏到埃伦菲斯特那儿。如果有了诺贝尔奖奖金这一笔价值不菲的外币，那他就可以暂时解除后顾之忧。

很早就不断有人提名他为诺贝尔奖的候选人，但由于种种令人难以置信的理由，一直没有成功。1922年，他终于获得了1921年的诺贝尔物理学奖，当他知道获奖消息的时候，适逢他在去日本的旅途之中，因而没有参加当年12月10日在瑞典斯德哥尔摩市举行的授奖盛典。还有许多他没有想到的麻烦事出现了……

爱因斯坦访问日本的照片

(1) 获奖原因

在20世纪所有的获奖者当中,恐怕只有爱因斯坦获奖时引起的麻烦最多,而获奖原因更是奇怪得独此一家。

1922年,大约是9月18日,瑞典著名科学家、诺贝尔奖物理学委员会主席阿列纽斯给爱因斯坦写信说:"您12月份应该到斯德哥尔摩。如果那时您在日本,可能不太合适。"同一天,劳厄也写了一封信给爱因斯坦:"根据我昨天得到的可靠消息,11月份诺贝尔奖的推选工作将展开,因此12月份你最好待在欧洲。"

虽然爱因斯坦已经意识到1922年他多半要获得诺贝尔奖,而且阿列纽斯已经暗示他最好不要在这紧要关头离开欧洲,因为这样会影响瑞典科学院最后的投票，可这时爱因斯坦已经与日本改造社签订了去日本讲学的合同，他不能违背合同。9月22日，他给阿列纽斯回信说："合同使我非去日本不可，我不可能推迟我的旅行日期。"

11月10日，即他到达中国上海的前两天，一份电报送到了爱因斯坦在柏林的家。电报上写道："授予您诺贝尔物理学奖。另函详陈。"同一天，瑞典皇家科学院的秘书奥瑞维里纽斯写信给爱因斯坦："皇家科学院决议授予您去年度的诺贝尔物理学奖，以表彰您在理论物理学中的工作，特别是您在光电效应规律方面的发现，但是没有考虑您的相对论和引力理论一旦得到证实后所应获得的评价。"

与此同时，1922年的物理学奖则"因为原子结构和原子辐射的研究"授给了丹麦的尼尔斯·玻尔。

荷兰著名物理学家洛伦兹

1919年11月，英国皇家学会主席J.J.汤姆逊郑重宣称："爱因斯坦的引力理论是自牛顿时代以来关于引力理论最重要的结果……是人类思想的最高成就之一。"当时的科学界权威人士洛伦兹说："日食观测的结果是对一种理论的最光辉的证实，而且也是通往诺贝尔奖的道路。"甚至连一开始劝爱因斯坦"不要搞什么广义相对论，即使搞出来了也没有人信"的普朗克，也在1919年1月19日因广义相对论的成就提名爱因斯坦为获奖候选人，理由是他迈出了超越牛顿的第一步。1921年有更多的人因广义相对论而提名爱因斯坦，但诺贝尔奖委员会因为也有不少人反对相对论而犹豫不决，于是，戏剧性的故事出现了。诺贝尔奖评审委员会决定，1921年干脆不颁发物理学奖。结果1921年真的没给物理学学者颁奖，而其他5项奖照常颁发。这也是诺贝尔奖颁奖史上的一次奇特行为。

在1919年以前，无论是对狭义还是广义相对论，每年都会突然冒出一些反对意见或证实其有误的实验，而提出这些反对意见和实验结果的人又多不是等闲之辈，有的还是非常著名的科学家（或哲学家），因而引起诺贝尔奖委员会的犹豫也不是完全不可理解的事情。说他们保守，恰如其分；但说他们过于慎重也未尝不可。但是在1919年英国日食远征考察队以确凿的观测结果证明了爱因斯坦的新引力定律后，委员会的犹豫就非常令人费解了。

1922年的推荐信又陆续寄到了委员会，推荐爱因斯坦的著名科学家越来越多。法国的布里渊甚至在信上写道："试想，如果诺贝尔获奖者的名单上没有爱因斯坦的名字，那50年代以后人们的意见将会是怎样？"

普朗克建议，将1921年的物理学奖补发给爱因斯坦，1922年的给玻尔。

在大势所趋的形势下，爱因斯坦终于在1922年得到了1921年的诺贝尔物理学奖，诺贝尔奖委员会虽然留下了种种遗憾和可供指责的地方，但是他们终于正确地把诺贝尔物理学奖授给了最应该得到它的人。不过，由于在12月10日颁奖盛典时爱因斯坦正在日本，因此他没有出席盛典。

爱因斯坦于1923年3月中旬回到柏林，17日阿列纽斯写信给他，建议他在7月份到瑞典做诺贝尔奖获奖演讲，这样他可以出席在哥德堡为纪念该城市建立300周年而举行的斯堪的纳维亚科学协会会议，还说："人们肯定会因为相对论的演讲而感谢您。"

真逗！一直坚持爱因斯坦不能因为相对论获奖，却偏偏要他讲相对论。相对论奇妙的魅力由此可见一斑了！

7月11日，这天很热，爱因斯坦穿着礼仪要求的黑色礼服，在2000多名听众面前做了题为"相对论的基本思想和问题"的报告。瑞典国王古斯塔夫五世也在座聆听。但是，我们无法知道有多少人能听懂爱因斯坦的报告。

斯德哥尔摩市政厅，每年一度的诺贝尔奖晚宴就在市政厅的蓝厅举行

（2）爱因斯坦的国籍

在没有获得诺贝尔奖时，爱因斯坦的国籍问题虽然也含含糊糊，但不那么重要，人们有时说他是瑞士人，有时又说他是德国人。爱因斯坦还为自己是"德国的学者"还是"瑞士的犹太人"开过玩笑。

爱因斯坦现在获得了诺贝尔奖，国籍问题立即显得十分突出。1922年12月10日是诺贝尔奖授奖典礼日，因为这时爱因斯坦不在欧洲，因此按惯例由获奖者所属国家驻瑞典大使代领奖项。爱因斯坦的奖状、奖章由德国大使纳道尔内代领，他在致辞中说："我国人民因为他们中的一员再次能够为全人类做出贡献而感到喜悦。……多年来，瑞士为这位学者提供国籍和工作的机会，希望瑞士的朋友们也和我们一起高兴。"这时，纳道尔内肯定认为爱因斯坦是德国人，没有任何疑问。但1922年，爱因斯坦是一个地道的瑞士人，他每次到国外，包括去日本旅行、演讲，持的都是瑞士护照，这是不争的事实。于是出现了一场闹剧：瑞士驻瑞典大使提出要澄清爱因斯坦的国籍问题，他指出，就他所知爱因斯坦是瑞士人。

德国大使立即用电报向国内有关部门咨询，但回答是矛盾的。普鲁士科学院在12月4日的回电中说："爱因斯坦是德国人。"而外交部在12月11日的回电中说："爱因斯坦是瑞士人。"科学院的根据是，爱因斯坦于1920年5月4日宣誓就职为普鲁士科学院院士和物理研究所所长，只有德国人才能宣誓成为官员，因此宣誓之日起，他就自动成为德国人了；当然，他同时保有瑞士国籍。普鲁士科学院把这一判定通知了爱因斯坦。

1922年，获诺贝尔奖时的照片

爱因斯坦从西班牙回到德国后知道国籍一事引起了风波，他于1923年3月24日告知科学院，说1920年宣誓前他就提出了一个先决条件——不改变他的国籍。1923年6月10日，他亲自拜见德国外交部部长罗腾堡，重申这一立场，并特地指出他一直都持瑞士护照出国旅行这一事实。但是，后来爱因斯坦似乎又不再反对他有德国国籍了。在1924年2月7日他为科学院《院志》写的一份类似声明的短文中，他写道："罗腾堡先生的决定性意见是，我在科学院中就职意味着我得到了德国的国籍。既然按照《院志》的规定不能保留相反的意见，我对此也无异议。"这一声明为日后留下了隐患。

这事就到此为止。现在回过头来谈 1923 年爱因斯坦回到柏林后，如何处理瑞士大使提出的问题。1923 年 4 月 6 日，爱因斯坦的继女伊尔莎写信给诺贝尔奖委员会，希望委员会将奖章和奖状寄到柏林，如果非得通过外交程序，就"应当考虑瑞士大使馆，因为爱因斯坦教授是瑞士公民"。结果委员会用了一个折中方案处理了这件敏感的事情：瑞士驻德国大使拉莫尔男爵把奖章、奖状送到爱因斯坦家中，这场爱因斯坦国籍的争论才算了结。

（3）获奖后的麻烦

获奖本是爱因斯坦早就预计到了的，但他恐怕也没有想到他获奖的事竟惹来了许多意料不到的麻烦和危险。这正是："祸兮福之所倚，福兮祸之所伏。"

爱因斯坦于 1923 年 7 月在哥德堡做了诺贝尔奖的演讲之后，就让诺贝尔奖委员会把 12 万瑞士法郎的奖金直接汇到瑞士。他本以为，米列娃和两个儿子的生活从此不会再有困难，自己也可以喘一口气，不必到处演讲挣钱，可是他万万没有想到，因为这笔钱，他和米列娃之间发生了可怕的争吵，连他的大儿子汉斯也恶毒地诅咒他。爱因斯坦真的气坏了。

争吵的起因是离婚时的协定：如果爱因斯坦获得了诺贝尔奖，这笔奖金将用来解决米列娃母子三人的生活费用。但协定又规定，这笔钱将存在一个他们不能接触的账户上，他们只能自由地动用这笔钱的利息。由此双方爆发了非常可怕的争吵，汉斯也写了一封很粗野的信给他的父亲。爱因斯坦看了这些信，不由十分伤心和恼火。1923 年 7 月 20 日，他写信给埃伦菲斯特倾露心声："汉斯对原来协定的安排十分不满，因此写了一封粗鲁无知的信给我。我今年不想再见到他。"

汉斯这时都 19 岁了，竟然不理解父亲为他们的生活付出了多少精力和劳动；有时为了挣更多的钱，爱因斯坦还向请他演讲的单位提出过

爱因斯坦和他的大儿子汉斯（摄于 1927 年）

高的费用要求，为此还损害过他的名声。米列娃更是毫不留情面地责骂爱因斯坦。爱因斯坦十分生气地在 1923 年 7 月 26 日写信给一位朋友说："米列娃写信给我的口气完全不像是写给一个为她献出一切的人。"

原来爱因斯坦计划在假期与儿子们一起度假，现在他在气头上，取消了这一安排。

后来经过朋友们的调解，这场争吵才逐渐平息下来。他们更改了协定，将奖金用来在苏黎世买下三栋房子，房子的租金可以为米列娃母子三人提供永久的生活保障。后来，米列娃陆续卖了两栋，只留下了一栋，一直住到她 1948 年 8 月 4 日去世为止。

1923 年 9 月，汉斯与父亲和解了，他和父亲到基尔一起住了两个星期。9 月 12 日，爱因斯坦从基尔写信给埃伦菲斯特，说："我和小阿尔伯特又和好如初了。……我们在一起很快乐，一起演奏，一起驾驶帆船，泛舟海上。"

除了家庭的争吵以外，更严重的麻烦是爱因斯坦的敌人在得知他获得诺贝尔奖以后，在德国掀起了更猛烈的攻击，他们恨不得一下子将爱因斯坦置于死地。勒纳是攻击爱因斯坦的急先锋，他不仅恶毒地攻击过相对论，而且他在知道爱因斯坦是因光电效应获诺贝尔物理学奖后，更是火冒三丈。他一直认为发现光电效应的优先权非他莫属，现在让爱因斯坦"掠人之美"，实在让他恨得咬牙。他写了一封信给瑞典皇家科学院说："科学院完全不考虑自己的名声和影响，却去重建爱因斯坦已经失去了的威望。"

1923年9月，爱因斯坦参加了在波恩举行的全德自然科学家和医生协会的年会，开完会他到荷兰莱顿待了6个星期。

正在这时，一则恶毒的谣言在德国散开。9月15日，爱因斯坦正在基尔，一份报纸上登出了一则消息："由莫斯科传来消息，我们得知爱因斯坦将在9月底抵达莫斯科，在那儿，他将就相对论发表演说。俄国科学家正热切地期待着他的光临。早在1920年，爱因斯坦的著作就被空运到俄国，且立即被译成俄文，出现在布尔什维克的机关报上。"

我们知道，德国外交部部长拉特瑙就是因为与苏联签订友好条约被激进分子暗杀，极右派势力认为与俄国友好不符合德国的利益。现在传来爱因斯坦要访问俄国的消息，那还了得！这不明显是要与布尔什维克合谋颠覆德国吗？

谣言一发而不可收拾。人们似乎都相信了这一谣传，因为爱因斯坦的确在1923年的6月至7月帮助创建了"新俄朋友协会"，并且是该协会执行委员会的委员。爱因斯坦10月中旬从莱顿回到柏林时，谣言已经传得热火朝天。10月27日，民主党的报纸报道："爱因斯坦教授已启程前往莫斯科……莫斯科方面已经准备好要给这位德国科学家一个盛大的欢迎仪式。"

当天《民族报》更是说得有鼻子有眼："苏维埃报纸报道，爱因斯坦将于28日到达彼得堡，将在那儿对一群受过科学训练的工人演讲。"

你瞧，演讲，而且对一群工人演讲，多有煽动性呀！这时，爱因斯坦收到了恐吓信，他的生命又处于危险之中。于是，11月7日他又离开德国，到莱顿躲避。

1923年，爱因斯坦在柏林与英、法科学家一起进行反战示威

普朗克于11月10日写信给已在莱顿的爱因斯坦，他一直不赞成爱因斯坦卷入政治活动之中。他在信中写道："你不要再参加任何行动，以免最终回不了柏林。你肯定会收到无数极有诱惑力的邀请，因为外国早就嫉妒我们拥有你这个无价之宝，但是请你为那些尊敬并且热爱你的人们想一想，千万不要使他们为你……感到伤心。"

普朗克还请求当局调查恐吓信的来源。在11月中旬，由于人们估计他已经"从俄国回来了"，于是恐吓信接连寄到柏林爱因斯坦的家中，有些恐吓信甚至说要像处置拉特瑙一样处置他。但当局不知出于什么原因，没有查出什么结果。

11月30日和12月5日，普朗克又分别写信给埃伦菲斯特和洛伦兹，请他们转告爱因斯坦，无论怎么样，他必须保住在柏林的居住权，并且至少每年参加一次科学院的会议。

爱因斯坦没有像普朗克一样把问题看得那么严重，他认为一旦事实澄清了，一切就会大白于天下，但他对普朗克的关怀仍然十分感激。他在 12 月 6 日从莱顿写信给普朗克说："您写给埃伦菲斯特的关爱我的信，给我带来很大的愉快和欣慰。我觉得目前没有什么理由会使我长期流放。"

他还告诉普朗克，他在莱顿还要做几次演讲，然后在圣诞节前几天回到柏林。

所谓爱因斯坦的俄国之行，完全是空穴来风。爱因斯坦当时没有，后来也没有去过俄国，整个事件完全是唯恐天下不乱的造谣闹剧。通过这次事件，爱因斯坦明白，欧洲又一次显示了某种危险的征兆，德国很可能又一次重蹈覆辙。

1924 年 1 月 5 日，他回到柏林后不久就写了一封报平安的信给贝索："虽然经历了这次事件，但外部的经历只不过是表面的事，而主要的东西仍然是科学。"

1924 年，爱因斯坦外出演讲的活动也告一段落。以后的几年中，除了 1925 年的 5 月至 8 月他到南美洲去了一趟，他基本上没有出过远门。他开始关注统一场论，也关注着量子理论的新进展。

15/与玻尔的友谊和争论

爱因斯坦虽然在创建相对论的艰难研究中耗费了大量的时间和精力,但是量子物理学始终是他关注的一个重要问题。他不仅对早期量子论做出了巨大的原创性贡献,而且对现在人们熟悉的量子力学的形成和完善起过重大作用。

德布罗意[①]的物质波思想正是受到爱因斯坦的启发。1963 年,德布罗意说:"1923 年,我突然意识到了,爱因斯坦 1905 年的发现,应该推广到一切物质粒子上去。"换句话说,不仅光,而且物质也应该显示波粒二重性。后来,波动力学的创立者薛定谔也是受了爱因斯坦的影响,才开始研究德布罗意的物质波思想。此外,在思想方法上,爱因斯坦的思路也深深影响了另外一个量子力学的创建者海森堡。

法国著名物理学家 L. V. 德布罗意

爱因斯坦后期虽然反对量子力学的解

---

① 一般指 L. V. 德布罗意,他正是从其兄 M. 德布罗意那里得知第一届索尔维会议中讨论的内容并由此对物理学产生极大兴趣。

奥地利著名物理学家薛定谔

释,但是他提出的一些见解仍然直接推动了量子力学基础的后期研究,为量子力学的进一步发展提供了思路。

由于对量子力学的解释意见不一致,爱因斯坦和哥本哈根学派的首要人物玻尔发生过科学史上有名的科学争论。这场争论为我们留下了宝贵的思想遗产,所以我们在这儿稍详细地做一些回顾。

(1) 爱因斯坦与玻尔的友谊

在谈到爱因斯坦与玻尔(更确切点说是哥本哈根学派)的争论之前,先要谈谈他与玻尔之间的亲密关系。

在玻尔1913年发表了氢原子理论的文章以后,爱因斯坦就十分关注和敬重玻尔。1919年11月9日,在写给埃伦菲斯特的信中,爱因斯坦写道:"我对玻尔十分着迷,经过你的介绍,我对他越来越感兴趣。

你使我意识到，他是一位具有很强洞察力的人，与他在一起一定十分开心。"

在 1949 年出版的论文集《阿尔伯特·爱因斯坦：哲人科学家》中，爱因斯坦高度评价了玻尔的贡献。他写道：

> 我要使物理学的理论基础适应新的实验发现的一切尝试都失败了。这就像一个人脚下的土地被抽掉了，使他看不到哪里有可以立足的稳固基地。至于这种摇晃不定、矛盾百出的基础，竟足以使一个像玻尔那样具有独特本能和机智的人，发现光谱线和原子中电子壳层的主要定律以及它们对化学的意义，这件事对我来说，就像是一个奇迹——而且即使在今天，在我看来仍然像是一个奇迹。这是思想领域中最高的神韵。

1954 年 3 月 20 日，爱因斯坦于去世前一年又在信中表达了他对玻尔研究风格的敬慕。他写道："他发表自己的意见，像一个永远在摸索着的人，而从来不像一个相信自己掌握了确切真理的人。"

爱因斯坦第一次见到玻尔是在 1920 年 4 月，当时玻尔应普朗克的邀请到柏林来做系列讲座。当玻尔到爱因斯坦寓所拜访爱因斯坦时，细致、善良的玻尔还带来了丹麦的奶油和其他一些营养品。这对于处于生活困境中的柏林居民来说，实在是太重要了。后来在 5 月 2 日写给玻尔的信中，爱因斯坦写道："这是来自哥本哈根最好的礼物，那里的牛奶和蜜还在不断地流着。"爱尔莎作为主妇也在信中对丰厚的礼物表示感谢："看到这些精美的食品，我这个主妇的心都醉了。"

爱因斯坦在信中还写道："在我的一生中，很少有人能够像你那样，一出现在我面前就给我带来了极大的快乐。我正在读你的大作，当我在阅读中遇到什么困难时，我就很高兴地发现你那年轻的面孔浮现在我的眼前，微笑着解释。我从你那儿已经学到了不少的东西，特别是你对待科学的那种态度。"

玻尔立即回信给爱因斯坦:"能和您见面、交谈,是我一生中最重要的经历之一。我无法表达我是多么感谢您在我访问柏林时对我的友好接待。您不知道,能得到这个盼望已久的机会来听听您对我致力的那些问题的看法,对我是多么大的鼓舞、激励。我永远不会忘记我们之间的谈话。"

5月4日,爱因斯坦又写信给埃伦菲斯特表达见到玻尔的愉快心情,他写道:"玻尔来到柏林,像你一样,我被他迷住了。他像一个敏感的孩子,像被催眠一样在这个世界上行走。"

1920年8月,他们又见面了。爱因斯坦在挪威的奥斯陆做了三次演讲。在回柏林的途中,他专程到哥本哈根与玻尔见面。除了与玻尔交谈以外,爱因斯坦还在丹麦天文学会做了一个报告。8月4日,爱因斯坦在给洛伦兹的信中写道:"奥斯陆之行实在美妙极了,而最美妙的是我在哥本哈根与玻尔一起度过的那几个小时。玻尔是一个天赋极高、极优秀的人。那儿著名的物理学家们大多也是很有才华的人,这对物理学来说是一个好兆头。"

丹麦著名物理学家、哥本哈根学派首要人物玻尔

第三次见面也是在哥本哈根,那是1923年7月,不过在这次见面之前,他们之间曾因为两人获得诺贝尔奖通过一次信。

1923年7月,爱因斯坦到瑞典哥德堡接受诺贝尔奖,顺路到哥本哈根又一次看望了玻尔。他们两人从在火车站见面就开始谈物理,谈得如此之忘情,以致发生了一桩很可笑的事情。这件事玻尔曾对他的儿子阿格·玻尔和罗森菲尔德谈到过,他说:

爱因斯坦一点也不比我更实际。当他来到哥本哈根时,我当然要到火车站去接他。我们从火车站出来后上了电车,就开始对一些问题异常热烈地讨论起来了,以致我们远远坐过了该下车的站。我们只好下车再坐回程车,但是又远远坐过了头。我记不得停了多少站,我们只顾坐着电车来来回回地跑,因为那时爱因斯坦确实对我的研究有了极大的兴趣,当然,其中怀疑的成分有多大,我不清楚,但我们坐着电车来回跑了许多次是真,至于别人怎么看我们,那就不知道了。

在此后的岁月中,他们会见的机会不是很多,但他们注定要成为探索宇宙奥秘的学术上的对手。对玻尔来说,爱因斯坦扮演了一个重要的、独特的角色。1961 年 7 月 12 日,在玻尔去世前一年他还说:"爱因斯坦的可爱是那样地令人难以置信。在他已经去世几年以后我还是要这样说,我仍然觉得爱因斯坦的微笑就在眼前,一个非常特别的微笑,既聪明,又厚道,又友

1925 年,玻尔和爱因斯坦在埃伦菲斯特的家里

好。"最令人感动的是,1962 年 11 月 18 日玻尔去世,而他的工作室的黑板上还画着一个 1927 年他与爱因斯坦争论时,爱因斯坦设计的"光子盒"草图。可见,即使爱因斯坦已去世七年,玻尔仍然把爱因斯坦作为自己学术上的对手,力求从爱因斯坦那儿得到更多的灵感、启迪。

现在,我们就转到爱因斯坦与以玻尔为首的哥本哈根学派之间的争论上来。这场争论在整个科学史上有着重要的地位。

(2) 第一次交锋

1927 年 9 月,在意大利的科莫湖边举行了一次国际物理学家的会议,会议是以纪念意大利科学家伏特逝世一百周年的名义召开的。许多

一流的科学家如玻恩、德布罗意、康普顿、泡利、海森堡、普朗克和卢瑟福等人都参加了会议。爱因斯坦受到邀请，却因故没有参加。玻尔在会议上第一次正式向科学界阐述他对量子力学的基本设想——互补关系。玻尔认为自然现象，尤其是微观世界发生的自然现象，不可能同时满足经典物理学的两大要求，即严密的因果要求和要用空间和时间描述客体的一切现象的要求。两个要求实际上代表了原子现象的互相排斥而又互相补充的两个方面。

可惜爱因斯坦没有来，大家都希望听到爱因斯坦的声音。

科莫会议结束后不久，1927年10月24日到29日，在比利时的布鲁塞尔召开了第五届索尔维会议，会议的主题是"电子和光子"。由于这次会议玻尔和爱因斯坦都要参加，所以大家都以激动而紧张的心情参加这次会议，所有的人都急于了解：爱因斯坦会怎么看待玻尔的互补原理呢？他会反对玻尔的诠释吗？人们知道，在此之前他们两人对有关量子理论的看法就有过分歧，但矛盾没有激化和充分暴露。这一次，爱因斯坦会怎么说？

这次索尔维会议之所以特殊、重要，除了因玻尔和爱因斯坦有著名的争论以外，还因为这次会议是第一次世界大战以后第一次有德国代表参加的科学会议，因而也标志着科学界国际关系的明显好转。在战后，1921年和1924年的两次索尔维会议都不准德国等轴心国的物理学家参加。虽然爱因斯坦是个例外（因为他持有瑞士护照），前两次会议都邀请了他，但他认为把政治带进科学事务中是不恰当的，科学家个人不应对他所属的国家的政府负责。为此，他谢绝了邀请。

但这一次，领导世界物理发展的一流物理学家将无一例外地云集布鲁塞尔。会议开始的第一天，玻恩和海森堡做了有关矩阵力学的报告，报告结束时他们声称：

> 我们认为，量子力学是一种完备的理论，其数学物理基础不容做进一步的修改。

1927年的索尔维会议，爱因斯坦已经位居中间位置

这一结束语颇有点挑战意味，似乎已无商量余地。

接着，玻尔应会议主席洛伦兹的邀请发了言。玻尔在发言中再次指出，波粒二象性的困境说明，原子过程如果用经典概念来描述将会遇到根本性的困难，因为对原子现象的任何观察都肯定会涉及一种不可忽略的其与观察仪器之间的相互作用，而且又不能恰当地予以补偿。因而，量子物理学的诠释只能是统计性的。

玻尔讲完了之后，大家的目光都投向爱因斯坦，期望他对此做出评价。看来不表态不行了，于是爱因斯坦站起来，先例行地客套了一番：

> 我必须因为我不曾彻底研究量子力学而表示歉意，不过我还是愿意提出一些一般的看法。

会场人们的情绪激动到了极点,他们想一睹两位科学伟人的交锋。爱因斯坦表示他不喜欢不确定性原理,至于互补原理,也是不能接受的。他指出——

> 这个理论的缺点在于:它一方面无法与波动概念发生更密切的关系,另一方面又用基本物理过程的时间和空间来碰运气。

上帝耶和华让人类语言混乱,因此没有能够建成通天塔

爱因斯坦发言完毕后，会场秩序大乱，都喊着要发言，会议主席洛伦兹已经无法维持会议秩序。埃伦菲斯特看情况不妙，突然计上心头。他跑到黑板上写了一句让大家哄然大笑的话：

　　上帝果真让人们的语言混杂起来了！

这句话源于《圣经·旧约全书》中《创世纪》第 11 章。巴比伦人想要建造一座通天高塔，上帝耶和华知道以后又惊又怒，于是他使天下人的语言混乱，彼此语言不能相通。最后人们只好扔下建筑工具，各奔东西，流向世界各地。

玻尔在后来的答辩中力图把爱因斯坦争取过来，说互补原理也曾出现在爱因斯坦的理论中。1905 年爱因斯坦不是指出光既是光子又是波吗？1917 年爱因斯坦不是曾给出一个表示概率的原子自发辐射吗？……但爱因斯坦不为所动，仍然用一个又一个的理想实验来向哥本哈根学派挑战。

但爱因斯坦提出的几个理想实验，都被玻尔一一驳倒。爱因斯坦在第一次交锋中输给了玻尔，玻尔成功地表明哥本哈根诠释的逻辑无矛盾性。许多科学家真正认识了玻尔理论迷人的本质。埃伦菲斯特原来是爱因斯坦最忠实的朋友，在这次会后他说：

　　布鲁塞尔的索尔维会议真太妙了！……玻尔完全超越了每一个人。他起初根本没有被人理解，后来一步一步地击败了每一个人。

　　当然，又是玻尔那种可怕的术语纠缠。对任何人来说，总结它是不可能的。……每天半夜一点钟他就走进我的房间来，说只讲一个字，但每次都要讲到凌晨三点钟。玻尔和爱因斯坦交谈时如能够在场，对我来说是一大快事。这就像一场棋赛一样，爱因斯坦永远有新招。在某种意义上，这是一种用来推翻不确定性关系式的第二种永动机。玻尔在哲学的云雾以外不断地寻求工具来粉碎一个又一个的例子。爱因斯坦像一个盒子里的弹簧人那样，每天都精神抖擞地跳出来。啊，这真是无价之宝呀！但我却几乎无保留地拥护玻尔而反对爱因斯坦。他对玻尔的态度，恰恰像当年那些捍卫绝对同时性的人对他的态度一样。

会议后，爱因斯坦仍然没有被说服。在他看来，玻尔的论断与其说是一种科学理论，倒不如说是一种精巧设计的独断论的信仰。1928年5月21日，在一封给薛定谔的信中他尖刻地表示了自己的不满：

德国著名物理学家海森堡，他是量子力学的创始人之一

海森堡-玻尔的绥靖哲学……是被精心设计的，使得它暂时得以向那些忠诚的信徒提供一个舒适的软枕。要把他们从这个软枕上唤醒是不那么容易的，那就让他们在那儿躺着吧。

但爱因斯坦并不甘心让"他们在那儿躺着"，在1930年10月20日至25日举行的第六届索尔维会议上，他又一次向哥本哈根学派提出了挑战。

（3）第二次交锋——光子盒佯谬

在第六届索尔维会议上，爱因斯坦提出了著名的"光子盒"的理想实验，想一举否定不确定性关系。爱因斯坦的目的十分明确，只要能够通过对一个理想实验的机制进行细致透彻的分析，推翻了不确定性关系式,那么玻尔的理论将会分崩离析。

光子盒的理想实验很简单,也很容易懂,所以我们不妨详细介绍一下,这样我们也可以了解科学大师们是如何思考的。光子盒的装置如图所示。一个不透明的盒子 B 被弹簧 E 固定在固定的装置里,盒的一壁上有一小孔,小孔上装有一个可用计时装置 C 控制其开闭的快门,它可以在任意精确指定的时刻开启和关闭。盒子下面挂有砝码 G,盒的侧面装有指针 N,用它可以从刻度 Q 上测出盒子的总重量。

爱因斯坦分析说,快门可在任意精确的开启和关闭时间 Δt 里,从盒子里放出一个光子,光子辐射出去前后的质量差 Δm 也可以精确地测出,再根据狭义相对论的 $\Delta E = \Delta m \Delta c^2$,可以求得任意精确的辐射能量 E。这样,爱因斯坦就很有信心地证明出:不确定性关系式之一 $\Delta E \cdot \Delta t = h$ 所表征的限制(即不能同时精确地测定时间 t 和能量 E),就不能成立了。

这是一次严峻的挑战,爱因斯坦用他的相对论竟巧妙地"驳倒"了哥本哈根学派的理论。据目睹者回忆,玻尔听完了爱因斯坦的讲话后,竟脸色苍白、呆若木鸡。

爱因斯坦一定觉得自己稳操胜券了,不免有点喜气洋洋。但是,在第二天的会议上,他奇怪地发觉玻尔竟一改昨天的晦气,显得精神抖擞、志在必得。还没等爱因斯坦摸清是什么原因时,玻尔开始指出昨天光子盒理想实验的一个致命的漏洞。等玻尔讲完了以后,这次轮到爱因斯坦呆若木鸡了!

玻尔的反驳是致命的,因为他巧妙地利用爱因斯坦 15 年前在广义相对论中的一个重要发现,找到了爱因斯坦光子盒理想实验中的一个错误。爱因斯坦的广义相对论里有一个红移

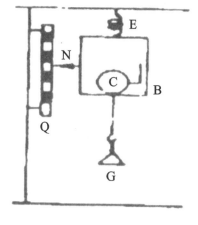

光子盒模型

公式：

$$\Delta T = T \cdot \Delta \phi / c^2$$

这个公式表示：一个在重力场中移动的钟，在移动时如有一个位势差 $\Delta \phi$ 时，在时间间隔 T 内，时钟快慢将会改变 ΔT。但是，爱因斯坦昨天在推理时，却忘了这一个由他自己发现的效应！玻尔不但发觉了，而且他还指出：在光子辐射前称量了光子盒的重量之后，由于光子辐射离开光子盒后，光子盒和钟一起在重力方向上发生了位移，因而产生一个位势差 $\Delta \phi$，于是根据爱因斯坦的公式，钟的快慢将发生一个 ΔT 的变化。于是，不确定性又不可避免地出现了！即要在测量光子的能量的同时，想准确地测出光子跑出来的时间 Δt 是根本不可能的。更令人叹绝的是，玻尔由爱因斯坦的红移公式推出了不确定性关系式：

$$\Delta T \cdot \Delta E = h$$

玻尔在结束讲话时理直气壮地声称："因此，如果用这套仪器来精确测量光子的能量，就不能精确测出光子辐射出来的时刻。"

爱因斯坦不得不承认，玻尔的推理非常有说服力，完全正确，还有什么东西能比他自己的红移公式对他更有说服力呢？爱因斯坦的"飞去来器"飞出去后又飞回来了，而且击中了自己。

（4）第三次交锋——EPR 佯谬

那么，爱因斯坦是否就此屈服，承认了哥本哈根诠释了呢？没有。我们只能说爱因斯坦在几次辩论中失败了，但他并没有被说服。他拒绝接受量子力学的概率诠释是"终极定律"，坚持认为在这种诠释的后面还隐藏着更深的基本规律。他的这一信念在 1926 年 12 月 4 日给玻恩的一封著名的信中，曾经有过鲜明的表述：

> 量子力学是令人赞叹的，但是有一个内在的声音告诉我，这还不是真正的货色。这个理论有很大的贡献，但是它并不使

我们更接近上帝的奥秘一些。无论如何，我不相信上帝是在掷骰子。……我正在辛苦工作，要从广义相对论的微分方程推导出看作奇点的物质粒子的运动方程。

尽管爱因斯坦没有折服，但第六届索尔维会议终究成为一个重要的转折点。在此之前，爱因斯坦的挑战主要是针对量子力学的自洽性，即力图找到量子力学在逻辑上的内在矛盾，从而证实量子力学"还不是真正的货色"。在光子盒理想实验被玻尔彻底驳倒之后，爱因斯坦已经意识到，他的这一目标至少在短期内是无法实现的。于是，他改变了想法，承认量子力学是一种正确的统计理论，但是否可以从更普遍、更原则的角度讨论量子力学的完备

爱因斯坦说："上帝不掷骰子。"
玻尔说："爱因斯坦，我们不能告诉上帝该做什么。"

性问题呢？如果能从根本上证明量子力学对微观过程的描述是不完备的，那就可以进一步设法排除概率诠释（"我不相信上帝是在掷骰子"），维护他所竭力加以维护的决定论（"从广义相对论的微分方程推导出看作奇点的物质粒子的运动方程"）。

经过一段时间的酝酿，爱因斯坦于1935年正式从完备性观点出发，又一次向哥本哈根的量子理论发起了挑战。这年3月25日，美国《物理评论》收到爱因斯坦、玻多尔斯基和罗森三人合写的文章《能认为量子力学对物理实在的描述是完备的吗?》。于是，以这三位作者名字头一个字母命名的"EPR佯谬"从此闻名天下。

这篇文章于5月15日发表后，在物理学界引起了巨大的震动，其震动的余波至今仍未平息。许多物理学家认为，这一争论无论胜负如

何,都将导致科学观念的更新以及科学理论的进步。有人称 EPR 佯谬为"第三朵乌云",有人甚至称它为"20 世纪第三次狂飙"。这种评价也许值得商榷,但多少也说明 EPR 佯谬非同一般。

由于这一佯谬专业性太强,我们在这儿就不详细讨论它了。总之,爱因斯坦根据 EPR 佯谬得出结论说:哥本哈根学派关于物理实在的量子力学描述是不完备的。

那么,能否在量子力学之外,再提供一种关于物理实在的完备的描述呢?爱因斯坦回答说:"我们还是没有解决这样的描述究竟是否存在的问题,可是我们相信这样的一种理论是可能的。"

对 EPR 佯谬做出回答,当然是哥本哈根学派首要人物玻尔义不容辞的责任。7 月 13 日,《物理评论》收到了玻尔反驳 EPR 佯谬的论文,论文的标题与爱因斯坦他们的论文完全一样。两篇文章题目完全一样恐怕是非常罕见的事情,而且后一篇反驳前一篇,那就更加罕见了。

10 月 15 日,正好是爱因斯坦他们的论文发表 5 个月之后,玻尔的文章发表了。

玻尔和爱因斯坦之间经过长期争论仍未取得最后一致的意见。这并不奇怪,因为双方争论的内容太庞大、复杂,而且又涉及许多认识论方面的问题,使人们不易于做出简单的判断。但我们仍需指出,哥本哈根学派的解释,在双方论战中起着越来越重要的作用。玻尔能做到这一点,应该说也得益于与爱因斯坦之间的争论,因为正是在争论的过程中,这两位伟大哲人的物理思想和哲学思想才能相互渗透、交融,取长补短、去芜存精。

两位伟人思想的互补,才使得他们在对深奥真理的探索历程中取得新的进步。

16/辞去院士，离开德国

（1）纳粹执政，大规模迫害开始

1929年10月，纽约华尔街的股票暴跌。由于美国与世界各国都有十分紧密的金融和经济上的联系，因此危机迅速蔓延，危及欧洲。几百万欧洲人承受着危机带来的严重恶果，德国更是深受其苦。美国银行逼迫德国归还贷款，使德国的经济失去了必不可少的支持，结果经济开始崩溃，失业人数迅速上升。纳粹势力乘此机会在1929年有了迅速发展。这年，纳粹党在纽伦堡举行了一次党的代表大会，会场上悬挂的卐字旗格外引人注目。这次大会实际上是对希特勒宣誓效忠的大会，而且大学生被允许进入纳粹党的权力系统。这次大会还大声呼吁中产阶级支持纳粹运动。德国的失业人数不断飙升，当失业不仅影响到工人阶级而且也开始影响到中产阶级时，更多的人进入了纳粹党。

1930年降临之际，德国失业人数已达到250万人。希特勒的法西斯褐衫党徒开始用犹太人的血来祭他们的卐字旗，他们攻击犹太人，并杀害犹太人。几乎整个1930年，褐衫党徒不断用拳头和棍棒殴打那些坐在咖啡馆和剧院里的犹太人，还用闯入、打斗和嘲笑等方式骚扰犹太教的礼拜活动。

华尔街骚动的人群

1932年是黑夜降临德国、后来又降临整个欧洲之前最糟糕的一年。这年德国的失业人数达到600万。希特勒利用这个世界经济混乱的时期，巧妙地煽动不满和失望的德国人的怨恨、愤怒的情绪，使得纳粹党获得了越来越多的选票。这位自封"导师"的人向人民允诺就业和面包。他恶毒地声称，德国的不幸应归咎于犹太人、共产党人和《凡尔赛和约》。

这年的 3 月,德国进行了一次总统选举。参加候选的人有三位:兴登堡元帅(时任总统)、希特勒和共产党的台尔曼。最后 85 岁的兴登堡元帅以 1900 万张选票当选。兴登堡当选后的第一件事就是极力排斥他的忠实竞选搭档布吕宁,强迫他辞去总理的职务,而让巴本伯爵出任总理。巴本是一位贵族,是极右势力的代表人物,而且他背后有武力支持,他试图根除一切共和与民主的痕迹。他宣称:一个全新的时代即将开始。接着,他解散了德国国会,宣布了纳粹褐衫队合法的法令。

对这一连串的发展,许多科学家不知道噩梦即将开始,反而都为之感到高兴,他们认为权力在军队手中是可以让人放心的。从俾斯麦时代以来,这些科学家就相信,德国只有在军人的统治下才有希望,而教授们的统治只会有百害而无一益。

但爱因斯坦却十分清醒。当有人希望军政府会阻止纳粹党的发展时,爱因斯坦明确认为:"我相信军政府将无法阻止纳粹党的'革命',军政府只会镇压公意,那时人们将会从右翼极端'革命分子'那儿寻求保护以反抗军政府的压迫。"

后来局势的发展果然如爱因斯坦所料!1933 年 1 月 30 日,兴登堡总统终于在万般无奈的情形下,把总理宝座给了早已觊觎这一位置的希特勒。当天晚上,在德国各地,那些长期以来一直在街头搞恐怖活动的褐衫队举行了胜利游行。一位大使夫人曾在信中描述了这天晚上的游行:

纳粹开始迫害犹太人

> 从晚上 8 点直到午夜以后,一支连续不断的游行队伍经过大使馆前面。队伍中有身穿制服的纳粹分子和他们的支持者,以及乐队,他们高举旗帜和火炬。整个游行持续了 4 个小时。老总统兴登堡从他的窗子向外望去,在不远的大街上,新总理

和他的支持者们站在一个阳台上正在狂呼。在我们的楼梯上，在装有护栏的高处，站满了狂热分子，他们高唱古老的德国赞美诗。人们不时地狂呼："德国觉醒了！""打倒犹太人！""嗨，希特勒！"……

上台不到两个月，希特勒就下令中止1920年以来实行的《魏玛宪法》，宣布反犹太人的法令，废除德国犹太人的公民权。魏玛共和国由此寿终正寝，独裁的第三帝国正式开始它的迫害犹太人、扩军备战等一系列反人民、反民主的政策。

3月的最后一周，纳粹宣布立即对犹太人的商店实行无限制的抵制活动，每一个城市都悬挂巨幅标语："全世界的犹太人试图毁灭德国！德国人民，保卫你自己！不要从犹太人那儿买东西！"

3月2日，纳粹党报《民族观察者》猛烈抨击了爱因斯坦。幸运的是，爱因斯坦和爱尔莎已经于2个多月以前离开了德国。3月28日，爱因斯坦在美国宣布，他将辞去德国科学院院士的职务。

4月7日，纳粹政府通过了《内政职务恢复法》。根据这一法令，非雅利安人将被清除出公务员（包括教师）的队伍。开始还规定，任职十年者在被辞退时还可以得到一笔退休金；在第一次世界大战时在前线作战的人将不会被辞退……最初几个月法令还得以执行，但不久这种"仁慈"也被彻底地抛弃了。犹太人连公民权都丧失了，他们只得任人宰割。于是，所有在各类学校和研究机构任职的教师、教授，都迅即被清除出去。大量杰出的人才都逃离了德国。

哈伯的命运是最悲惨的。他为德国做出的贡献有目共睹。由于合成氨和毒气，他被授以上尉军衔，他还为此流下了激动的眼泪。因为爱因斯坦不合政府口味的言论，他还多次责备爱因斯坦，担心爱因斯坦的言行会影响他和不少犹太人珍视的"同化"。但是，这位犹太人不仅没有受到特殊关照，反而从物理化学研究所所长的位置上被撤了下来，这对他是致命的打击。结果他于1934年1月4日痛苦地死于瑞士西部的巴塞尔。

纳粹分子大肆焚烧犹太人和进步人士的书籍，气焰嚣张至极

在1933年4月1日"联合抵制犹太人日"这一天，德国科学院宣读了一项可耻的声明，说柏林科学院"没有机会为爱因斯坦的辞职而感遗憾"。这一天，纳粹冲锋队（SA）进驻了各大学和学院，犹太教授和职员在受尽了侮辱和攻击的情形下，被赶出了大学、研究机构。哈伯被赶出了威廉皇帝物理化学研究所以后，文化部迅即任命一位叫扬德尔的人继任哈伯的职位。威廉皇帝研究所各个研究机构聚集着世界最知名的科学家，可是大家从来没有听说过扬德尔这个人。后来才知道，这个人

1931年3月,爱因斯坦和爱尔莎在帕萨迪纳火车站,准备前往纽约

在学术上毫无建树,还只是一个编外讲师;当然,他是一个"优秀"的纳粹党员。许多无名之辈靠着他们对纳粹党的忠诚,纷纷登上了德国著名大学的教授宝座;原来只能藏身于黑暗角落的人,现在都可以堂而皇之地在大学院校的讲台上大放厥词了。

普朗克完全失望了,他说:"纳粹像一阵狂风横扫我们的国家。我们什么也干不了,只能像风中的大树那样听凭摆布。"

柏林如此,哥廷根也同样如此。哥廷根只剩下希尔伯特孤独一人,库朗、兰道、诺特、外尔、玻恩……都先后走了。在一次宴会上,纳粹教育部长鲁斯特问希尔伯特:"哥廷根的数学现在如何?已经摆脱了犹太人的影响吧?"希尔伯特回答说:"哥廷根的数学?确实,这儿什么都没有了。"

政治的独裁、暴虐，必然会给科学带来灭顶之灾。科学的中心，从纳粹上台之日起，就不再属于德国。大批优秀科学家被迫逃离德国，其中有 9 位诺贝尔奖获奖者，他们中的大部分在美国安顿下来。科学的中心，也由此转到了美国。直到 20 世纪结束，科学的中心仍然在美国。

(2) 辞去院士，离开德国

虽然爱因斯坦在 1930 年前后还没有想到魏玛共和国会在 1932—1933 年就土崩瓦解，但他对德国邪恶势力的抬头及其将会对德国和世界带来的危害还是有相当清醒的认识，这比德国其他科学家要超前。在他于 1932 年秋天离开德国到美国加州理工学院去时，他已经预感到他不会再回到德国了，这时魏玛共和国已经解体，共和与民主已不复存在于德国，爱因斯坦预计纳粹将迅速上台。

当他和爱尔莎准备离开卡普斯的时候，他对爱尔莎说："离开别墅前，好好地多瞧它几眼吧。"

"为什么？"

"你以后再也不会看到它了。"爱因斯坦平静的回答使爱尔莎十分奇怪。后来当她再没有回到德国，才明白了这句话的意思。没准爱尔莎真的后悔没有多瞧几眼。

爱因斯坦已经为自己未来的归宿找到了一个理想的地方。1932 年 6 月 4 日，在纳粹实际夺权出现之前，美国著名教育家弗莱克斯纳构想并组建了日后闻名于世的普林斯顿高等研究所。在 1932 年年初，弗莱克斯纳就在帕萨迪纳与爱因斯坦讨论过后者是否愿意到普林斯顿高等研究所任职的问题；后来爱因斯坦接受弗莱克斯纳的邀请，答应成为研究所第一届教授会的成员，但他当时并没打算离开欧洲，他仍然希望能够回来。在欧洲他有太多的朋友：埃伦菲斯特、洛伦兹、朗之万、居里夫人、索洛文、贝索、普朗克、劳厄……他怎么能失去这种血肉般的联系

1932年爱因斯坦在荷兰与朋友三重奏

呢?这可是他的生活和他的生命中的一部分啊!但这个计划到1932年夏季以后,就逐渐变得不现实了。

到1933年,当希特勒进一步整肃异己分子和迫害犹太人时,爱因斯坦正在帕萨迪纳进行第三次为期两个月的客座教授之旅。爱因斯坦立即丢掉任何幻想,开始了他的政治斗争。在3月10日,他在帕萨迪纳对《纽约世界电讯》的记者宣布:

> 我不回家了。……只要有可能,我就只愿意生活在一个政治自由、宽容而且在法律面前人人平等的国家里。言论自由和书面发表政治意见的自由也是政治自由的一部分。尊重个人信仰是宽容的一部分。这些条件,目前在德国还不成熟,在那里,特别是那些以促进国际相互理解为事业的人正惨遭迫害,其中包括第一流的艺术家。

爱因斯坦的采访谈话在德国报纸上刊登后，引起了纳粹的仇恨，这使得他的朋友们十分为难，大部分人都不敢再与他表示亲密，更不能为他辩解。

3月11日，爱因斯坦离开帕萨迪纳。在纽约停留期间，他在公众场合中严厉指责希特勒政府，还号召文明世界采取"人道的干预"，反对纳粹主义。他还到普林斯顿去看了一下，并打算找一所房子，这时他可能已经有了定居普林斯顿的打算了。

1933年摄于加州理工学院

3月20日，即爱因斯坦离开纽约的那一天，报纸上说纳粹查抄了爱因斯坦在卡普斯的别墅，这更促使他下决心与德国断绝关系。在返回欧洲的旅途中，他在公海发表了下述声明：

> 动用武装部队对我们在卡普斯的住宅进行搜查，这只不过是现在在德国发生的随心所欲的暴力行为的一个例子而已。这些行为是政府把人民的权力转移给纳粹国民军凶狠的、疯狂的暴徒的结果。在过去，客人的拜访常常为我的夏季别墅增光。他们总是受到欢迎。人们没有任何理由随意闯入。

当爱因斯坦越来越严厉地谴责纳粹政府时，普朗克感到大事不好，如果德国政府采取严厉措施对待爱因斯坦，普鲁士科学院将处于十分尴尬的地位，所以他于3月19日写了一封信给爱因斯坦："……在这个困扰和艰难的时期，正是谣言风起之时，到处都传播着你的公开的和私下的政治声明，我知道以后十分痛心。……你不该多讲话，我并不是要断定谁对谁错，我只是清楚地看到你的讲话使得那些尊重和敬慕你的人更加难以保护你了。"

3月28日，当爱因斯坦从帕萨迪纳回到欧洲时，他正式向普鲁士科学院提交了辞呈，接着他被普鲁士科学院除名。而且，他虽然回到了欧洲，却没有回到德国，而且从此再没有踏上德国的土地。在欧洲，他暂时住在比利时的避暑胜地黎考克。

3月29日，纳粹政府的特派员向文化部下达命令，要对爱因斯坦反对第三帝国的言论进行全面调查，如果需要的话，可以给予纪律处分。普朗克再也没有办法进行调解，他只好抓住机会离开柏林，到西西里度假。如果留在柏林，他将无法不接受政府的决定。

幸好爱因斯坦在3月28日就主动向普鲁士科学院递交了辞呈。辞呈上写道："鉴于德国目前的状况，我不得不放弃在普鲁士科学院的职务。19年来，科学院为我提供了无数机会，使我专心从事研究，而没有任何特别的义务。我知道我欠下的恩情太多，我也非常不愿意离开这个学术机构；同时，在我作为院士期间，与同事们建立了融洽和谐的关系。但是在目前的情况下，我对普鲁士政府的行为无法容忍。"

爱因斯坦在卡普斯的夏季别墅

3月31日，普朗克从度假地写信给爱因斯坦："对我来说，你（辞职）的做法是唯一可以保证你与科学院体面地断绝关系的办法，这可以使你的同事避免承受过多的悲痛。"

这是真心话，如果让他的同事们提出开除爱因斯坦的建议，那是多么令人痛心的事啊！实际上，爱因斯坦正是为了避免这种沉重局面的出现，才抢在前面先提出辞职。劳厄不能忍受科学院无耻的声明，他说这是他"一生中最可怕的经历之一"，但科学院已经纳粹化了，所以没有人支持劳厄。

爱因斯坦对德国知识界的堕落非常愤怒，他曾于5月9日写信给玻恩说："我一直对德国没有好印象，但我得承认，对于他们的暴行和残忍我仍然感到非常吃惊。"5月26日，关于如何看待刚上台的德国纳粹政权，在给劳厄的信中，他再一次表露了他那气壮山河的心声：

> 我不同意你的看法，认为科学家对政治问题——在较广泛的意义上来说就是人类事务——应当默不作声。……试问，要是像布鲁诺、斯宾诺莎、伏尔泰和洪堡这些人也都是这样想，这样行事，我们的处境会怎样呢？我对我所说过的每一个字都不感到后悔，而且相信我的行动是为人类服务。

一位有成就的科学家，有如此强烈的社会责任感，实在少见！

爱因斯坦认为，虽然许多德国人对他们的政府及其所犯下的罪行感到羞愧，但他并不认为可以同情和可怜这些人。5月19日，他在写给埃伦菲斯特的信中尖锐地指出："德国人自己就在豢养毒蛇，当大难临头时不得不躲起来。不久，他们就会品尝到这种不负责任所造成的恶果。"

爱因斯坦的话使我们想起了一位名叫马丁的德国新教神父说的一段话："起初（纳粹）他们追杀共产党人，我不是共产党人，我不说话；接着他们追杀犹太人，我不是犹太人，我不说话；接着他们追杀工会成员,我不是工会成员,我不说话;此后他们追杀天主教徒,我不是天主教徒,我不说话;最后他们奔我而来,再也没有人站起来为我说话了。"

人间的许多悲剧,都是由这种不负责任的行为造成的。爱因斯坦看透了德国大多数知识分子的这种不负责的行为及其所带来的后果。

1933年3月底,爱因斯坦到达比利时的黎考克,他在这儿住了几个月,度过了他在欧洲的最后一段时光。在这段时间里,他还是不断地与朋友们写信或发表对时事的看法。从这些信件和讲话中,不难看出他对欧洲前途的担心,还可以看出他比许多科学家乃至政治家都看得更准确。5月5日,他在给朗之万的信中写道:

> 亲爱的朋友,自从我们在安特卫普相见以来,发生了一些影响深远的事件,这些事件威胁到我们的文明,尤其是威胁到欧洲的安全。……在德国,一群武装起来的暴徒成功地使有责任心的那部分民众缄默不语,并把一种来自下面的革命强加于人,这种革命不久将成功地破坏或扰乱在社会中文明化的每一样东西。除非今天依然在议会制之下的国家最终决定采取有魄力的行动,否则今天威胁我们文化价值的事情在几年之内将会变成严重的军事危险。

爱因斯坦和爱尔莎虽然住在避暑胜地,但由于这儿离德国太近,加之有些狂热的冲锋队员和褐衫队员扬言要越过边界来刺杀爱因斯坦,所以比利时皇家政府十分重视对爱因斯坦的安全保护,特地派了两名警卫人员日夜不离地保护他们。

夏天,弗兰克从伦敦到奥斯坦德来找爱因斯坦,他得知爱因斯坦就住在这附近,但由于保密,他也不清楚他们到底住在哪儿。弗兰克只好到黎考克来撞大运。当地居民接到严厉的命令,不得告诉任何人有关爱因斯坦夫妇住所的消息。幸好弗兰克不知道这个严厉的命令,所以当他向一位当地居民打听爱因斯坦的住址时,没有一丝顾忌,十分坦然。那位居民想必相信了弗兰克的诚挚，也坦然地告诉他爱因斯坦的住址。当弗兰克走到爱因斯坦住的别墅的不远处，他看见爱尔莎坐在走廊上，正和两个年轻壮实的人谈话。当弗兰克走近别墅时，那两个人看见了弗兰克，他们突然如临大敌一样向弗兰克冲过去，紧紧抓住他的胳膊。爱尔莎吓得跳起来，面如死灰。弗兰克这时可真是丈二和尚摸不着头脑了。幸亏她终于认出"刺客"是弗兰克，这才放了他。

爱尔莎说："我和警卫都以为你就是传言中的刺客呢！"

过一会儿爱因斯坦从楼上下来，3个人高兴极了。爱尔莎问弗兰克是怎么找到他们的住处的，弗兰克告以实情，爱尔莎惊愕地说："这可是严厉禁止的呀！"爱因斯坦听了，不禁哈哈大笑。他大约很长时间没这么开心了，所以笑了好久才停止。

在与爱因斯坦叙旧时，爱因斯坦告诉弗兰克一个好消息。他说："我最近碰到一件很愉快的事情。你也许还记得我的朋友哈伯，那位著名的化学家。我最近收到他的一封信，信中他说他想申请到耶路撒冷的希伯来大学教书。"

可惜到1934年春，哈伯不幸病逝了。

1933年9月9日，在动身到美国普林斯顿之前，爱因斯坦又在英国逗留了一个月。在此期间，他还拜会了英国重要的政治家丘吉尔、奥斯汀·张伯伦和劳合·乔治。爱因斯坦在与他们交谈时，极力使他们相信德国重新武装所造成的威胁。丘吉尔与爱因斯坦的观点一定相近，所以爱因斯坦在一封信中写道："他（丘吉尔）是一位有智慧的杰出人物。"奥斯汀·张伯伦在任外长期间（1924—1929）与法、德外长签订了使德国东进的《洛迦诺公约》，但1933年以后积极支持丘吉尔的防务和外交政策。劳合·乔治也在第二次世界大战前谴责英国政府的绥靖政策。因此爱因斯坦在信中还写道："情况在我看来十分清楚，这些人提前做好了他们的计划，并决定立即行动起来。"

在英国期间，爱因斯坦就政治形势问题做过许多报告，都是希望公众认清德国纳粹的本质，号召公众起来抵制战争。但是，战争仍然发生了。

1933年10月3日，爱因斯坦（左2）与张伯伦（左1）、卢瑟福（左3）在一起

10月10日，爱因斯坦在比利时的安特卫普登上了去美国的轮船，爱尔莎、秘书杜卡斯和助手迈耶已经在船上。他们持的都是旅游签证，因为他们还打算在第二年春天回到欧洲。当时他们都没想到，第二年他们不能回来了。爱因斯坦从此再也没有回过欧洲，只能梦归故里。

永别了，英吉利海峡！

永别了，欧洲！

17/普林斯顿和一个悲剧

1933年12月17日,爱因斯坦夫妇到达了纽约,市长在码头举行了欢迎仪式。竞选即将到来,市长需要犹太人的选票,因此不能怠慢这位世界最著名的犹太人。

欢迎仪式结束以后,普林斯顿高等研究所派到纽约接爱因斯坦的人将客人一行带到了幽雅、宁静的世外桃源普林斯顿。几天以后,爱尔莎在普林斯顿大学校园附近的图书馆街2号找到了栖身的公寓。1935年8月,他们买下了默瑟街112号的房子,爱因斯坦在这儿一直住到1955年去世。

爱因斯坦这次到美国后,除了为申请加入美国国籍而于1935年5月到大西洋英属百慕大旅游以外,他在他生命的最后20多年里,再没有离开过美国。

普林斯顿在它成为世界著名科学圣地以前早就闻名于世,因为在这里美国独立战争取得关键性的胜利。后来使普林斯顿更加出名的原因是1930年发生的事:在普林斯顿成立了普林斯顿高等研究所。

大约是1930年,有两位客人造访美国教育家弗莱克斯纳。这两位客人受富商班伯格和他的姐姐福尔德夫人的委托,请弗莱克斯纳在纽瓦克创建一所医学院。班伯格先生是美国最大商业机构班伯格公司的老板,他的资产总值曾达2500万美元。1929年,他因年事已高,将公司股份卖给另一位富翁,并想用这笔钱的一部分建立一所医学院。

普林斯顿大学校本部大楼

弗莱克斯纳听取了普林斯顿大学数学教授维布伦的意见后,很快说服了班伯格兄妹二人,使他们放弃创建医学院的想法,转而创建一所一流的研究机构。在这个机构里,没有教师,没有学生,也没有教室和课程,只有不受外部世界变迁和压力影响的研究教授。弗莱克斯纳原本想让经济学成为这个研究机构的核心学科,但他很快听取和采纳了别人的意见,以数学作为其核心学科。

高薪聘来的教授必须是他们所在领域中最杰出的人,到了研究所以后,他们可免除一切教学和行政上的负担,也不用为生活发愁,他们的薪金可以保证他们过上富裕的生活,他们的任务就是做更高水平的研究。而且,研究所的每一位教授可以"享有在他们自己领域继续研究的机会,也同时享有最大的自由"。

研究所暂时没有自己的办公楼,普林斯顿大学的校长希本将大学的数学楼范氏楼借给弗莱克希纳。

弗莱克希纳接下来的重大任务是在欧洲寻找最杰出的数学家和理论物理学家。德国纳粹这时正在驱赶非雅利安学者，这为他提供了绝佳的机会。除了维布伦被第一个选上以外，弗莱克斯纳还把目光投向了爱因斯坦和外尔。外尔是哥廷根最杰出的数学家之一，原来应该是希尔伯特的接班人。开始他不愿意到美国来，但由于他的妻子是犹太人，所以他继爱因斯坦之后，在1934年1月也赶紧离开了危险的德国，来到了普林斯顿。

1933年底，爱因斯坦来到了普林斯顿，过了一年多，他成了美国的永久居民和公民。接着外尔也来了。此前于1933年9月30日还来了一个维也纳的逻辑神童哥德尔，当时哥德尔还只是来做短时讲学，在这儿他第一次见到爱因斯坦。1935年9月和1938年10月，他两次到普林斯顿，最后在二战爆发后于1940年3月到达普林斯顿，此后近40年一直在普林斯顿，并在爱因斯坦晚年成为爱因斯坦最好的朋友，后面我们还会再次提到他。

1939年，普林斯顿高等研究所的富尔德楼落成，爱因斯坦、外尔等人搬进了新楼房，有了他们自己的办公室。新大楼是一座具有新哥特风格的砖砌大楼，坐落在英式草坪的中央，树木环绕，还有一个池塘，碧波荡漾。富尔德大楼距范氏楼只有两三公里，很近，再加上研究所的教授已经在范氏楼工作了五六年，和大学的教授们关系融洽，成了一家人。正如一位传记作家娜萨所描述的那样：

> ……不同学派的学者在一起就像乡里乡亲一样和睦融洽。他们一起进行研究，一起编写学刊，相互出席对方的讲座和研讨会，还一起享用午茶。高等研究所的声誉使大学可以更方便地招募到最出色的学生和教师，大学里那个相当活跃的数学系也像磁石一样吸引着在研究院访问或永久工作的学者。

普林斯顿高等研究所的富尔德楼

(1) 统一场论——一个悲剧？

在 1933—1939 年的几年内，爱因斯坦在普林斯顿得以安心、自由地从事科学思考。这期间他的科学思考主要集中在 3 个方面。

第一个方面是进一步加工分别于 1905 年和 1912—1916 年创建的狭义相对论和广义相对论，使它们进一步成为逻辑上更密切相关的一个整体结构。

第二个方面是对量子力学的批判。

第三个方面是十分引人注目的，这就是"统一场论"。我们在这方面稍稍用一点笔墨。

爱因斯坦一直坚持认为可以找到一个"统一场"，并可用这个"统一场"派生出的理论一揽子解决量子理论的种种问题。可惜他到

1955年去世,仍然没有看到任何完成这一目标的曙光。爱因斯坦的朋友派斯说:"到20世纪20年代后期,爱因斯坦的天才已经过了他的高峰。他最后一个重要发现是在1925年,处理的是所谓玻色-爱因斯坦凝聚。在以后的30年中,尽管他没有停止过科学研究,其中一些工作也是好的,但是没有一件工作可被称作是伟大的。"

到美国普林斯顿研究所以后,爱因斯坦先后与霍夫曼、英费尔德、恩斯特·施特劳斯和巴格曼等人合作研究统一场论。研究的情形同在德国时一样,有许多次他都认为他梦寐以求的目标已经达到,但过不了多久,早则几天,迟则几周,他就会发现他的新方案是虚妄的。爱因斯坦的合作者施特劳斯曾心酸地写道:

爱因斯坦、爱尔莎和继女玛戈特(中)

> 我们有一次连续研究一个理论达9个月之久。一天晚上,我发现了一类解,但第二天早上就发现这类解表明,我们研究的理论不可能有物理意义。

在这一挫折面前,施特劳斯伤心得不得了,但爱因斯坦并不放在心上,"到第三天早上,爱因斯坦已经忘却了我们的挫折,开始考虑另一个新理论了。"

后来,爱因斯坦有了一个强大的支持者和同盟军——薛定谔。1944年,薛定谔发表了3篇关于统一场论的文章,他当时还兴奋地说:"我发现了统一场方程,它们仅仅建立在原始仿射几何的基础上,这种几何方法由外尔开创,爱丁顿予以发展,其主要工作则是由爱因斯坦在

爱因斯坦在他的书房里

1923 年做出的,但他因毫厘之差而与目标失之交臂。这个结果有一种迷人的美,我一连两个星期不梦到它就不能入睡。"

然而,在经过 25 年追求同一目标失败之后,爱因斯坦却不再那么乐观。"……我很怀疑这种做法。……有一件事是确定无疑的:上帝在创造它的时候,已注定我们对它的研究工作困难重重。当一个人年轻的时候,他还没有充分意识到这一点——这对于他来说是幸运的。"

1946 年 1 月 22 日,爱因斯坦给薛定谔寄去了两篇没有发表的论文,并在信中说:"我没有把它们寄给其他任何人,因为在科学基本问题上你是我所知道的惟一不戴眼罩的人。我的尝试基于一个初看起来显得陈旧和无益的想法……当我讲给泡利听时,他向我伸出了舌头。"

薛定谔在 2 月 19 日给爱因斯坦回了一封长信。他说爱因斯坦的工作给他留下了深刻的印象,他深入研究了三天。爱因斯坦对于薛定谔能在如此短的时间里彻底进入"我的新癖好"感到吃惊。接下来他们之间的信件往返穿梭于大西洋。爱因斯坦正在寻找一种普遍方法,这种方法或许能够揭示粒子在时空结构中的起源。薛定谔对他说:"用英语说,你在寻找大猎物。你在猎狮,而我只不过在抓野兔。"

新想法虽然不断地出现,但直到 1955 年他去世,这众多的新想法中没有一个给他带来成功的喜悦,他得到的是一次接一次的失败。与此同时,亲密的朋友也一个接一个地离去。玻恩曾惋惜地说:

> 我们当中许多人都认为,这是一出悲剧——对于他来说,他在孤独中探索自己的道路;而对于我们来说,我们失去了我们的领袖和旗帜。

1935 年爱因斯坦的漫画像

1955年4月17日，也就是他去世的前一天，他还请求别人将他的统一场论计算资料的最后一页拿给他，似乎他还想做最后的计算。

有人曾怀着不理解的心情问爱因斯坦：这一次又一次的失败有价值吗？所有这些努力是否还有什么人们不知道的目的？爱因斯坦的回答是非常感人的。他回答说："至少我知道99条路不通。"他还说："我明白，成功的机会很小，但努力还是必须的，……那是我的责任。"

十分重要的是，爱因斯坦在深思熟虑后，并不认为自己像许多物理学家所认为的那样被禁锢在虚假的偏见里。1952年他在一本小册子的结尾处表明了自己的这一信念。他写道：

> 目前这一代物理学家对这个问题倾向于作否定的回答。……我认为，我们现有的实际知识还不能否定如此深远的理论；在相对论性场论的道路上，我们不应半途而废。

杨振宁教授也许说得对，他说——

> （爱因斯坦的）这个理论并不是特别成功。我要强调的是：尽管爱因斯坦的尝试没有得到成功，尽管爱因斯坦关于统一场的尝试受到许多说出来的或没有说出来的批评，也尽管有些人说爱因斯坦的工作完全是枉费心机，但爱因斯坦仍坚持他的基本观念，即物理学的伟大目标，是场的理论的统一。在70年代，这一目标已经部分地实现了。今天，我们有了这样一种理论，它把电磁相互作用与弱力（不是与爱因斯坦所希望的引力）统一了起来。1979年的诺贝尔奖正是颁发给了这一项工作。

1938年，爱因斯坦与德国著名作家托马斯·曼在普林斯顿

（2）社会活动家

除了科学研究的思考以外，在世界和平、民主遭到严重威胁的情形下，他不能躲在普林斯顿的象牙塔中对此视而不见、无动于衷。他要大声呼吁，提醒世界各国的政府和人民，要高度警惕纳粹正在重新武装它的军队，战争又一次威胁着全世界爱好和平的人民。

由于爱因斯坦这方面的强烈责任感，他和弗莱克斯纳发生了严重的冲突。这一冲突几乎在他一到普林斯顿就爆发了。

弗莱克斯纳认为科学家应该在这座象牙塔里一心思考科学问题，而不让外界来打扰。因此，当爱因斯坦一到普林斯顿，弗莱克斯纳就特别叮嘱他："您在美国的安全，取决于您的沉默和不在公众场合露面。"弗莱克斯纳还认为他有责任让爱因斯坦与外界隔绝，因此，他私自替爱因斯坦拒绝了各种邀请，其中包括白宫罗斯福总统的邀请。

这一下可惹恼了爱因斯坦。他的确需要宁静的生活，但他不允许自己完全与世隔绝。他认为自己对社会还有其他不可推卸的责任。当他到美国不久，他的一个朋友外斯写信给他，说罗斯福总统邀请他到白宫。但是爱因斯坦没有见过这封信，原来是弗莱克斯纳私自打开了信，在没有与爱因斯坦商量的情形下就通知总统，说爱因斯坦到普林斯顿是为了从事科学研究，因此绝不能使他引起公众的注意。

爱因斯坦知道这件事以后非常气愤，立即在1933年11月21日写信给总统，说他非常愿意拜见总统阁下，并同时写信给外斯，发泄了自己的不满，信的落款是"普林斯顿集中营"。这还不能让爱因斯坦平静下来，他又写了一封信给研究所的董事会，信中写到了弗莱克斯纳的不明智和武断、粗暴的行为，他要求董事会保证他的尊严和自由不受任何侵犯。如果保证不了这一点，他将考虑与研究所断绝关系。

弗莱克斯纳这才知道爱因斯坦因为受到侵犯而生气时的厉害。从此他再也不敢、也不想惹爱因斯坦了。1934年1月24日晚上，爱因斯坦夫妇在白宫与总统共进晚餐，晚上还在富兰克林的房间里就寝。

自从纳粹上台，战争的阴影又一次威胁着欧洲，虽然很多人并没有及时发觉或警惕这一点，但爱因斯坦却在1935年前后改变了他的反战立场和关于国际安全问题的思想。以前他鼓吹"2%的人拒服兵役"的讲话曾在美国年轻人中轰动一时，现在他不再提倡反对战争，不再鼓吹拒服兵役，而反过来呼吁欧洲各国应该重新武装。这种改变似乎有点让人不明所以，而那些"和平主义者"更对他提出了尖锐的批评。

对于这些批评，爱因斯坦做了仔细的阐述。他认为，由于德国、意大利等一些国家实行了恐怖的独裁统治，公民没有民主的权利，而且被媒体虚假的报道引上了歧途，在这种独裁政府统治的情况下，拒服兵役就会被处死；而对于民主国家来说，拒服兵役就会削弱"文明世界健康的部分抵制侵略的能力"。爱因斯坦的结论是：

因此在今天，有识之士不应该支持拒绝服兵役的政策，至少在特别处于危险之中的欧洲不应该这样。在当前的环境下，我不认为消极抵制是建设性的政策，即使它是以英勇的方式进行的。不同的时期需要不同的方法，尽管最终的目标是一致的。

1936年10月15日，在庆祝美国高等教育300周年纪念日时，爱因斯坦接受了纽约州立大学授予他的荣誉学位，并做了讲话，其中有一段话很有价值：

我以为，对于学校来说，最坏的事是主要靠恐吓、暴力和人为的权威这些办法来开展工作。这种做法摧残学生的健康的感情、诚实和自信；它制造出来的是顺从的人。这样的学校在德国和俄国成为惯例，那是没有什么奇怪的。我知道在美国这个国家里，学校中不存在这种最坏的祸害，在瑞士以及差不多在一切民主管理的国家里也是如此。要使学校不受到这种一切祸害中最坏的祸害的侵扰，那是比较容易的：教师使用的强制手段要尽可能少，学生对教师产生尊敬的唯一源泉在于教师的德和才。

当战争终于在欧洲爆发时，1939年，爱因斯坦为近10年前写的《我的世界观》一文补写了几句话：

在这10年间，我对人类文明社会的信心，甚至它的生存能力的信心已大大减少了。人们看到，不仅人类文化遗产受到威胁，而且人们想要不惜代价留心保护的一切东西，其价值也被贬得太低了。

接着他指向了德国：

> 在欧洲，直到莱茵河以东，智力的自由运用实际上已不复存在，居民受到攫取权力的匪徒的恐怖统治，青年受到有组织的谎言的毒害。政治冒险家的虚假成功愚弄了世界其余地区；到处都显而易见，这一代人缺乏气魄和力量，而正是气魄和力量使前几代人通过艰苦的斗争和巨大的牺牲赢得政治自由和个人自由。

人们也许可以看出，爱因斯坦到了美国的普林斯顿以后，由于世界局势极其险恶，他把相当大的一部分时间和精力投入社会活动之中，呼吁各国政府和人民要高度警惕纳粹势力，犀利地指出如果各国不采取正确的态度、积极的行动，必然会使全世界陷入可怕的灾难之中，但他的呼吁并没有引起人们的高度重视。

在美国，爱因斯坦的形象恐怕更让人感受到他是一个社会活动家。1938年4月，美国《时代》周刊第一次将爱因斯坦作为封面人物，并且对他做了简单的介绍，其中一段话写道：

> 今天的阿尔伯特·爱因斯坦已经不是1930年来美国访问的那个胆怯得手足无措的人了。他对时常受到公众款待已经相当镇静，不再像从前那样害怕了。他已经学会没有必要和他不喜欢也不信任的任何人交往。他的电话号码没有被列在电话本上，电话公司也不告诉别人。他过着他所喜欢的那种生活，而且美国也很适合他。

的确，美国很合适他，他最终也意识到自己不可能再找到比普林斯顿高等研究所更好的工作地点，就决定余生留在普林斯顿。为此，他认

驾驶帆船是爱因斯坦喜爱的运动，照片于 1937 年摄于长岛亨廷顿

为最好能成为美国公民。因为他是持旅游签证到美国的，按规定，如果他想成为美国公民，他必须在国外领事那儿才能申请到移民签证。于是，1935 年 5 月，他和妻子爱尔莎、继女玛戈特、秘书杜卡斯一行，到英属百慕大做了一次短暂而愉快的旅行。

5 年之后的 10 月 1 日，爱因斯坦、玛戈特和杜卡斯，在福尔曼法官的主持之下，宣誓成为美国公民，但仍然保留瑞士国籍。

1936 年 8 月份，爱因斯坦在普林斯顿买了一栋房子，它位于默瑟街 112 号。这年的整个夏天，爱尔莎都忙于装修和改建新房。

装修和改建终于完成，他们开始搬家。正在搬家的时候，爱尔莎突然感到眼睛肿胀起来。她感到病很严重，但她不能停止下来，她得继续把家搬完，还得把从柏林拯救出来的拆散了的家具还原，这事非她监督

1940年10月1日，爱因斯坦、玛戈特、杜卡斯宣誓加入美国国籍

不可能完成。她最大的心愿是把生活中散落的碎片再收集到一个温馨的家里来。

一切安顿好以后，爱尔莎才开始关心自己的病。从纽约请来的医生告诉她，眼睛肿胀只是严重的肾和心脏病的征兆。她拒绝到纽约去住院治疗，她不愿意与丈夫分离，也不愿意离开这个刚刚恢复得完美的家。这间可爱的住所显示出了它那巨大的魅力。让她感到遗憾的是，疾病像阴影般笼罩着她，还有，那些陆续从德国逃出来的亲友到了美国，而她却无法帮助他们；她不能为亲人们分担一点责任，让她尤其不能忍受。爱因斯坦深知留在德国和欧洲的亲人将面临的是多么可怕的局面，因此一到美国，他就和妻子共同设法安排亲属到美国来。先是玛戈特夫妇来到美国，后来他又让汉斯夫妇和孙子于1937年来到美国。1939年，妹

默瑟街112号，爱因斯坦在这儿从1936年住到1955年去世

妹玛雅从意大利来到美国，与爱因斯坦住在一起。玛雅的丈夫因为健康原因，只能与贝索夫妇一起留在瑞士的日内瓦。

爱尔莎预感自己在这个家里待不了许久了。当她看见爱因斯坦为了她的病而失魂落魄时，她感到由衷的欣慰。她在给她的朋友瓦朗坦的一封信中写道："他被我的病弄得心烦意乱、失魂落魄。我从没有想到他是那么深地爱着我，这使我很感到安慰。"

1936年12月20日，爱尔莎在普林斯顿默瑟街112号里安然去世。这年她60岁，爱因斯坦57岁。可怜的爱尔莎只在新居里住了3个多月的时间，但她总算把原来破碎的家安置妥当，她心爱的爱因斯坦终于又可以在新家里思考"对世界很重要的"一些问题。

还有一件让爱因斯坦十分悲痛的事——他最好的朋友格罗斯曼在

1936 年 9 月 7 日病逝于苏黎世，年仅 58 岁。这真是岁月沧桑，世事莫测啊！爱因斯坦在悲痛之余写了一封信给格罗斯曼的夫人，他写道：

> 昨天在一堆没有拆开的信中发现了一个镶黑边的信封，拆开一看，才知道我亲爱的老朋友格罗斯曼已经去世了。可怕的命运追逐着如此大有作为的年轻人。

在回忆了格罗斯曼对他的"拯救"和两人为广义相对论进行的合作以后，爱因斯坦沉重地写道：

> 我常常怀着巨大的痛苦想念他，但是只有我到苏黎世访问时，我们才能偶尔见面。虽然我从柏林的一个朋友那里知道了这种病，但他的病会拖得这么久，却是我不能想象的。然而，他并没死去，一直到我也成为一个老年人了——内心上是孤独的——已经度过了全部命运历程，也许还可以平静地再活几年。但有一件事是美好的：我们整个一生始终是朋友。我依然尊敬您所做的一切，因为这都是您为他而做的。

18/爱因斯坦与原子弹

(1) 原子核分裂了！

哈恩和迈特纳合作研究超铀元素已经有好多年了。这种合作由于奥地利被德国吞并而中止，因为迈特纳是犹太人，以前她还可以作为"侨民"继续待在德国，与哈恩继续研究超铀元素，而现在她必须逃离德国，否则后果难料。

迈特纳于1938年7月逃离了柏林。哈恩和斯特拉斯曼继续用中子轰击铀元素，以确定轰击之后是不是真的会得到费米所说的"超铀元素"。哈恩是化学家，在化学分析方面可说是欧洲最优秀的。1938年12月中旬，哈恩他们通过无可挑剔的分析得出了一个令他们大吃一惊的结果：用中子轰击铀元素时，得到了钡！钡是56号元素，在铀后面46位！斯特

德国化学家哈恩和他的长期合作者迈特纳

拉斯曼在两年多前曾向迈特纳说过这个实验结果,但被她坚决地"扔到废纸篓里"去了。如今实验又一次证实真的出现了钡,这对斯特拉斯曼来说,恐怕又惊讶又后悔,心态一定会十分复杂的。哈恩相信自己的分析没错,但是以前迈特纳再三告诫这是不可能的,因此哈恩十分犹豫。物理学家一直坚持认为,在中子轰击铀元素时,由于中子的能量很小,不可能将铀元素打得分成两大块,最多只能从铀元素身上打下一点点"粉末",如 α 粒子和 β 粒子等。

哈恩把他们观测的结果告诉了迈特纳。迈特纳知道后立即与她的姨侄奥托·弗里希共同思考这个奇怪的结果。弗里希想:"钡怎么会从铀里产生呢?也许……原子核真的像一个液滴?像伽莫夫和玻尔说的那样?也许,一滴液滴被拉长时中间会紧缩进去,但是我们知道液滴的表面张力倾向于阻止液滴被分为两个小液滴,这一很强的阻力会阻止液滴的分裂。不过,原子核与液滴毕竟不同,它们有一个十分重要的区别是核带有电荷,电荷间的斥力可以抵消表面张力。"

思考的结果使迈特纳和弗里希认识到,核内质子电荷间的斥力在元素越重时就越大,根据表面张力和核结合能的定量估算,他们得知,当正电荷(即原子序数)达到大约 100 的时候,核的表面张力就完全抵消了!因此正电荷数为 92 的铀一定十分接近这种不稳定的状态。现在他们恍然大悟,世界上为什么没有比铀更重的元素以天然状态存在了:它们没有足够的表面张力使它们维系在一起。他们两人达成了共识:铀核好比是一颗聚集力不大因而时刻颤动的液滴,当一颗能量很小的慢中子击中它时,核就振动起来;在各种随机振动中核可能被拉长,被拉长了的核液滴更有利于电的排斥力作用,两个小滴互相排斥,越离越远,最终中间断裂,成了两颗核液滴,即成了两个小核。

这时又出现一个困难:在分裂后,两个小核因相互间的斥力而做反方向高速运动,其速度高达 1/30 的光速(约 10^7 米/秒),这需要约 200 MeV 的巨大能量,这能量从哪里来呢?幸运的是,迈特纳是位资深的核物理专家,她很快算出,两个新的小核的质量和与铀原子核的质量相比，要少 1/5 个质子的质量。根据爱因斯坦的质能公式，当质量消失时，能量就出现了，而且由 $E=mc^2$ 可以算出产生多大的能量。迈特纳算出，1/5 个质子质量消失，正好有 200 MeV 能量产生。

拼盘终于拼拢了！一切都天衣无缝地相吻合。于是，在这白雪覆盖的瑞典小村，潘多拉的盒子也被打开。日后，当原子弹在日本上空爆炸，迈特纳对自己的发现后悔万分，而哈恩差一点要去自杀。

1939 年 1 月 1 日，迈特纳给哈恩写了一封贺年信。信中她写道："从能量角度上看，这样的重核也许是有可能分裂的。"

弗里希加了一句："如果您的新发现的确是真的，它将肯定引起人们极大的兴趣。我很想知道进一步的结果。"

同一天稍晚的时候，迈特纳返回斯德哥尔摩，弗里希则回到了哥本哈根。

5 天以后，也就是 1939 年 1 月 6 日，哈恩的划时代的文章在《自然科学》27 卷 1 期上刊登了出来。作者署名是哈恩和斯特拉斯曼，没有迈特纳的名字——也许哈恩不敢署上犹太科学家的名字？

迈特纳的姨侄奥托·弗里希

这一研究结果被玻尔带到美国。美国的物理学家立即展开了迅速的研究，接着，德国和英国的核物理学家们都以最快的速度研究核的裂变，并迅速取得新的发现。利用核裂变制造核炸弹的想法，也几乎同时出现了。

奥本海默当时的一个学生莫里森后来说："大约是核裂变被发现之后一周吧，在奥本海默办公室中的黑板上出现了一幅草图，那是一幅画得十分差劲而令人讨厌的炸弹的草图。"

据乌伦贝克回忆，由于他和费米那时共用一间办公室，所以有一天他能听到费米在窗口遥望室外曼哈顿的灰色楼群时自言自语地说："只要有一颗像这样的小炸弹，所有的这一切都会立即消失得无影无踪。"

"这样小的炸弹"有多大呢？费米"握住他自己的手，像拿着一个球一样"。

就这样，核物理的研究步入了地狱之门。关于这扇门是如何打开的，还有许多精彩的故事。

写到这儿，我们不能不谈爱因斯坦的一位朋友——犹太人物理学家西拉德。虽然他没有获得过诺贝尔奖，但他对于科学家从实验室观测核裂变转向实际制造原子弹起了很重要的作用，我们必须提到他。如果不是因为他的兴趣太广泛，不断从一种很有创见的想法转向另一种，我们完全有理由相信这位从匈牙利移民到美国的物理学家，也会像那几位从匈牙利移民出来的朋友赫维赛、维格纳一样，获得诺贝尔奖的。

从匈牙利来到美国的物理学家西拉德

我们完全可以说，是西拉德最先想到原子核链式反应的。核的链式反应是指，当中子轰击铀核时，铀核发生裂变，同时释放出大量的能量；与此同时，裂变还会同时放射出更多的中子，这些中子又会引起新的裂变……于是核的裂变反应就会像多米诺骨牌一样，连续不断地裂变下去，直到核全部裂变完毕为止。这种自动的反应过程，被称为"链式反应"。1939年1月底，费米和奥本海默已经模糊地猜想到链式反应和由此而来的原子弹了。但西拉德在1933年9月12日就预计到这种链式反应了！真是不可思议。我们还可以说，最先在科学意义上（而不是科幻上）使用"原子弹"一词的，恐怕非西拉德莫属了。

现在，西拉德又立即想到，德国的科学家虽然外流了不少，但其实力仍然不可低估，如果他们一鼓作气先制出了原子弹，那恶魔希特勒不仅会奴役欧洲，连远隔重洋的美洲恐怕也不能幸免。想到希特勒会奴役全球，西拉德联想到欧洲悲惨的现状，他觉得自己必须义不容辞地行动起来，让民主阵营的科学家们千万不要让德国人知道研制原子弹的任何可能性和秘密。他立即想到了费米和约里奥-居里，他们也许已经想到了原子弹。

西拉德于1939年2月2日写信给约里奥-居里："亲爱的约里奥教授，……如果铀裂变时释放出一个以上的中子，将可能出现一种链式反应。在一定的情况下，这可能使人制造一种炸弹。一般来说，这种炸弹是极其危险的，特别是当它被掌握在某些政权手里时，就更加危险。当然，要想禁止物理学家之间讨论这些事情是不可能的，而且实际上我们已经非常广泛地讨论了这一问题。然而迄今为止，每一个讨论此事的人都十分慎重，没有把这些想法披露给报界。这几天，美国的物理学家们讨论了我们是否应该采取行动，防止这方面的任何消息发表在国家的科学期刊上，并要求英、法的同事们考虑采取相似的行动。"

这时希特勒已经对法国虎视眈眈，但是约里奥居然在西拉德几次请求保密的情形下，不但不听西拉德的警告，反而把他的至关重要的研究成果于4月22日公开发表，这无异于将它们无条件地奉送给德国科学家。俗话说：聪明人如果干出傻事，往往更危险。4月22日，约里奥的文章一发表，立即引起了德国科学家的高度关注，并使德国迅速做出两项决议，以加强核的研究。

法国著名物理学家约里奥-居里，他是居里夫人的女婿

随着希特勒咄咄逼人的、狂妄的吞并、扩张，人们（尤其是那群流亡到美国的科学家们）知道，战争逼近了，于是西拉德的思想才逐渐为人们理解、接受。而且，涉及核裂变研究的文章一律经过审查，无关紧要的文章可以发表，其余的则一律不得刊登出来。美国参战前，这一审查还没有政府参与，全由物理学家自我审查，使重要的科学信息都保留在自己的圈子里；美国参战后，保密制度就成了由情报部门参与的强制性制度。

（2）爱因斯坦出场

西拉德从他的奔忙中逐渐明白，他一个人不能挽救这个世界，他需要人理解和帮助。正好这时特勒来到哥伦比亚大学教物理，而维格纳也在不远处的普林斯顿工作，他们和西拉德一样，都是来自于匈牙利的犹太人物理学家。西拉德找到他们，谈他最担心的事情：德国科学家已经开始了铀研究，德国政府正在关注铀资源……这一切引起了三位从匈牙利流亡到美国的一流物理学家的深深忧虑。他们认为原来的研究必须继续下去，而且应该立即寻求美国政府的支持，靠私人企业的捐赠已经难以为继。维格纳特别强调，这项研究必须通知美国政府，而且要想办法让比利时不要把他们在刚果开采的铀卖给德国。

从匈牙利来到美国的著名物理学家特勒

可是他们没有任何可能接近政府有关部门。苦思之余，西拉德想起了自己的老朋友爱因斯坦，爱因斯坦与比利时的伊丽莎白王后关系不错，一直保持书信来往。而西拉德与爱因斯坦的关系也非同一般，在1927年到1930年之间，他们曾合作研制家庭用的电冰箱，他们两人还为此申请了5种专利。有趣的是，其中一个专利是液体金属泵，后来居然在核反应堆的建造中起了重要的作用。

1939年7月16日，维格纳和西拉德见到了住在长岛的爱因斯坦，爱因斯坦正在那儿休养。西拉德向爱因斯坦讲述了有关铀裂变第二代中子的实验,以及铀在石墨中可能产生链式反应的种种计算、推断。爱因斯坦听了十分惊讶,用德语说:"我从来没有想过这一点!"

虽然爱因斯坦在 1905 年发现了 $E = mc^2$ 这一惊人的公式,但他从来就没认为这种蕴藏在物质中的巨大能量能够释放出来。到了普林斯顿以后,他几乎是住进了象牙之塔,只对他的统一场论感兴趣,因此他离开了物理学的主流,也不知道西拉德说的内容,但他非常乐意做他们希望他做的事。西拉德回忆说:

> 他对核裂变的后果十分敏感,而且愿意做必须做的事。爱因斯坦愿意发出警报,并对此负责,即使是最后被证明是假警报也没关系。科学家最忌讳的就是让自己落下笑柄,爱因斯坦却不太在乎。这说明他的地位是无人可以相比的。

爱因斯坦认为写信给伊丽莎白王后不妥,直接给比利时大使馆写信更为得体。于是他口述了一封信,维格纳笔录下来,同时西拉德起草了一封说明的信。

7月19日,西拉德又写了一封信给爱因斯坦,说他与一位经济学家萨克斯博士谈过,萨克斯与罗斯福总统有交往。萨克斯很重视关于铀链式反应的实验结果,建议西拉德、爱因斯坦写一份书面材料,他可以保证交给罗斯福总统。西拉德在信中写道:"虽然我只见到萨克斯博士一次,与他确实谈不上深交,不过我认为他的建议是可行的……"

维格纳这时到加利福尼亚度假去了,西拉德只好去找特勒。特勒性格豪放、为人热情,一听西拉德的讲述,立即大加赞赏,说由萨克斯帮助是再好不过的了。西拉德于是根据那天在爱因斯坦那儿写的草稿,写了一封致美国总统的信。7月30日,特勒开车把西拉德带到普林斯顿的家中。特勒开玩笑地说:"我作为西拉德的司机将会被载入史册!"特勒确实被永载史册,不过那是因为他后来成为"美国氢弹之父"。

爱因斯坦与西拉德于 1939 年 8 月 2 日写信给当时的美国总统罗斯福，这张照片是 1946 年夏天在这个具有历史意义的地方重新拍摄的

8 月 2 日，爱因斯坦签署了一封给罗斯福总统的信。信中一开始就写道：

> 当我通过未发表的文件看到费米和西拉德最近的工作报告后，我相信铀在不久的将来可能会成为一种新的重要能源。这一新情况的某些方面值得政府加以注意，甚至在必要时迅速采取行动。……现在有可能在大量的铀当中实现链式反应，它会产生巨大的能量以及大量放射性元素。……这一新的发现，也可以用以制造威力极强的新型炸弹。

信上还特别提到，德国已经采取了某些"先发制人的行动"，美国政府切不可对此无动于衷。

由于西拉德、维格纳和特勒三人都来自匈牙利，因此美国物理学家图夫戏称他们三人为"匈牙利密谋集团"。遗憾的是，他们是科学家，完全不懂国家官僚机构如何运转。他们焦急地天天盼，巴不得几天内就会有下文，但过了两个月，也一直没有消息。

1939年9月1日，德军进入波兰；9月3日，英、法向德国宣战，第二次世界大战爆发。

1939年10月11日，这天是星期三，萨克斯终于有机会在那天下午稍晚一点的时候进了总统的椭圆形办公室。

总统亲切地向萨克斯打了招呼，问："你有什么事吗？"

萨克斯是何等聪明的人，他知道如何让罗斯福总统迅速注意到他带来的建议和西拉德的备忘录。他先讲了美国发明家富尔敦的故事。

从匈牙利来到美国的著名物理学家维格纳

富尔敦建议拿破仑建造一支用机械发动的舰队，这样就可以在任何气候条件下攻击英国舰队……但拿破仑却根本不相信没有帆的船。他粗野地说："呸！滚远一点吧，你们这些梦幻者！"

罗斯福总统笑了，倒了两杯白兰地酒，一人一杯。他准备认真听萨克斯的话了。萨克斯知道如何让总统在万忙之中关注铀研究的事情，所以他写了一个纲要，他读了这个纲要，而没有直接读爱因斯坦的信和西拉德的备忘录。最后萨克斯说：

"我个人相信这种原子能无疑存在于我们周围各处，终有一天人类会释放并控制它的几乎无限的力量。我们无法阻止别人这样做，而只能

罗斯福总统和爱因斯坦

希望他不把它用来炸毁他的邻居。"

"唔,"罗斯福明白了,"你是说不让纳粹把我们炸掉,是吗?"

"完全正确。"萨克斯高兴极了,他的建议终于让总统注意到了,而且总统深知其意义非同小可。

罗斯福把助手沃森将军叫进来,说:"这事需要采取行动。"10月19日,他还回了一封信给爱因斯坦,信中写道——

> 我亲爱的教授:我很感谢您近来的来信和信中所谈到的极为有趣而重要的事。我发现这种资料是如此的重要,我已经设立了一个委员会,包括代表陆军和海军度量衡局的局长,来彻底研究您关于铀的建议的可能性。

沃森当然照办。办了什么呢？除了成立一个铀顾问委员会，并于 10 月 21 日在华盛顿召开了一次会议以外，其他什么也没有办。

西拉德深感失望，爱因斯坦也感到遗憾，他们原以为他们的信和备忘录会起作用的。

1940 年 3 月 7 日，爱因斯坦再次写信给罗斯福总统，提醒美国应高度警惕，从大战爆发以来，德国对铀的兴趣越来越大，美国政府应加速进行铀的研究。信中写道：

> 去年，当我意识到对铀的研究可能得出对国家有重要性的结果时，我曾认为我有责任把这种可能性通知行政当局。战争爆发以后，对铀的兴趣已经在德国被强化了。我现在听到，那里的研究正在高度保密地进行，而且已经扩展到了另外一个威廉皇帝研究所，即物理研究所。

3 月 15 日，萨克斯将信转给总统。4 月 5 日，罗斯福决定扩大、改组铀顾问委员会，并邀请爱因斯坦参加这一委员会，但爱因斯坦拒绝了这一邀请。

后来，美国本土的科技界人士也终于觉察到了危险，他们知道该是行动的时候了。美国东海岸的一些大学校长们知道，战争时期制订科研和防务政策的主要任务都落在他们的肩上，而他们也应该义不容辞地为战争做些事情。于是，这群校长推举华盛顿时任卡内基科学研究所所长范内瓦·布什出面，与罗斯福总统商谈国防科学研究问题，特别是铀研究问题。

布什是一位电子专家，精通应用数学，曾是麻省理工学院的副院长。到卡内基大学以后，他十分关注该院的核研究，曾经拨款 2 万美元，使该研究得出了重要的发现。布什与西拉德他们不同，他毕竟担任过多年的行政职务，知道如何与政府、企业部门交往，也知道如何与罗斯福总统打交道。他曾经说："我知道，在华盛顿那个鬼地方，除非你在总统的羽翼之下,否则,你什么事都干不成。"

布什首先要说服的是哈里·霍普金斯。战争临近时,霍普金斯成了罗斯福总统最亲密的顾问和助手。只要霍普金斯同意了布什的意见,罗斯福总统才能考虑。幸运的是,布什与霍普金斯一见如故,有很多共同的语言,所以进展十分顺利。1940年6月12日,霍普金斯带布什会见总统。对会见的简短过程,布什曾经写道:

> 哈里和我去白宫见总统,这是我第一次同富兰克林·罗斯福见面……我在一张纸中间仅以4小段写出国防研究委员会的计划。整个接见不到10分钟(哈里肯定先我到总统那里)。我带了"OK"的批件出来。于是,所有的轮子都开始运转起来了。

(从左到右)布什、科南特和格罗夫斯将军是曼哈顿计划的最高管理者

随着罗斯福总统的一句"OK",以及布什被任命为国家防务研究委员会(NDRC)这一新机构的主席,美国科学家、政治家和军人之间的关系便开始了一场革命。

1941年12月6日,秘密的"曼哈顿计划"正式启动。次日清晨,日本袭击美国珍珠港的太平洋舰队。3天以后,德国对美国宣战。

关于爱因斯坦写信给罗斯福总统对美国制造原子弹到底起了多大的作用,有许多不同的看法。派斯认为:

> 关于爱因斯坦和罗斯福的通信,人们已经写得很多,有人曾断言这就是曼哈顿计划的最初推动过程,这种说法是没有根据的。罗斯福在1939年10月任命一个委员会,并没有导致一次真的政府行动计划。事实上是直到1941年10月间,他才决定全面发展原子武器。直到那时,陆军部长亨利·史汀生才第一次听到这一计划!以上的叙述代表了爱因斯坦在战时介入原子弹问题的总结和实质,他是被排除于原子弹的战时发展之外的。

原子弹制造出来,以及美国在日本丢下两个原子弹以后,爱因斯坦又积极投入反对使用原子弹的活动中。

1945年8月9日,美国在日本广岛上空所投的一颗原子弹爆炸的场景

19/不懈的斗士

▶ ▶ ▶ ----------------------

1947年以后,由于冷战的加剧,美国众议院的非美活动委员会、司法委员会、国内安全调查委员会等机构势力大大增强。这些委员会对成百上千的美国知识分子进行审查、甄别。如果有人胆敢拒绝回答则会被定为"蔑视国会罪"而被判处监禁。这是美国历史上最黑暗的时期之一,许多知识分子迫于压力,作伪证,昧心地承认一些莫须有的罪名。这时,爱因斯坦又一次冒着风险,猛力抨击美国政府的卑鄙伎俩。

爱因斯坦在电台发表演讲

1947年夏天,爱因斯坦严厉地批评了美国。他写道:

> 我必须坦白承认,战争结束以后的美国外交政策,有时令我不可抗拒地想起威廉二世皇帝制下的德国态度。……军国思想的特征就在于,非人的因素(原子弹、战略基地、各式武器贮备,等等)被看成本质重要的;而人,他的欲望和思想,即那些心理因素,则都被看成不重要的和辅助性的。……个人被降低成只是一个工具,他变成了"人力资源"。按这种观点,个人愿望的正常目的消失了。

1950年2月9日,美国共和党参议员麦卡锡在西弗吉尼亚州惠灵市的一家妇女俱乐部纪念林肯诞辰的活动上,做了一次演讲。在演讲中,他当众展示了一份据称列有205名共产党人名字的名单,并声称,美国国务卿早就知道有这样一份名单,可名单上的人至今仍在国务院内左右美国的外交政策。此话犹如晴天霹雳,令美国上下一片哗然。麦卡锡则一鸣惊人,一夜之间,从一位名不见经传的新参议员,一跃成为声震全国的政治明星,并在随后的4年里主演了一出荒诞的美国政治闹剧。

从惠灵演讲开始,麦卡锡在参议院掀起了一波又一波揭露和清查美国政府中的共产党活动的浪潮。他先是公开指责民主党政府在镇压国内共产党活动方面表现软弱,致使共产党人钻进国务院等核心部门,使美国在外交上蒙受重大损失:不仅原子弹机密被外泄给苏联人,而且还"失掉了中国"。1953年,共和党成为参议院的多数党后,麦卡锡通过参议院调查小组委员会,开展了一场范围广泛的清查共产党运动,美国国务院、国防部、重要的国防工厂、美国之音、美国政府印刷局等要害部门都未能逃脱麦卡锡的清查。仅1953年一年,麦卡锡的委员会就举行了大小600多次调查活动,还举行了17次电视实况转播的公开听证会,麦卡锡及其调查委员会的人员打着维护国家安全的旗号,无视正常法律程序，对他们怀疑的一切人——包括联邦政府高级官员、外交官、大学教授、工会领袖、作家、报纸编辑等在内——任意进行调查。麦卡锡虽然并没有真凭实据，却随心所欲地提出指控，对被调查者进行公开的人身攻击。与此同时，他的调查活动，如同滚雪球，越来越大，涉及的人越来越多，而麦卡锡的声望和权力似乎也越来越大。联邦政府中人心惶惶、草木皆兵，即便是资深参议员，也不敢得罪麦卡锡。

麦卡锡主义在美国社会造成的最大影响是在思想领域。它借反共的名义，几乎扼杀了美国思想界的自由讨论，制造了一场现代恐怖政治。所有被麦卡锡定为嫌疑分子的人的著作被禁止流通，他们的演讲也被取消。大学教授在讲课时倍加小心，生怕表示过于激进的观点而被人打"小报告"。还有100多名教授在麦卡锡时代因观点问题被开除。

麦卡锡主义的横行霸道早就引起了爱因斯坦的注意。当"黑云压城城欲摧"之际，爱因斯坦拍案而起，毫不留情地站起来揭露这件事背后的阴谋。

爱因斯坦在电台发表演讲时气贯长虹

1953年6月12日,《纽约时报》上刊登了爱因斯坦的信:

> 美国知识分子当前面临的问题很严重。反动政客设法通过把公众的视线转移到来自国外的威胁上,从而将对一切思想成果的怀疑注入公众的心中。在获得成功以后,他们现在又开始压制教学自由,剥夺一切不服从他们的人的生计,使后者无法生活。
>
> 处于少数地位的知识分子应采取什么办法来对付这种邪恶行为呢?坦白地说,我想只能是甘地的革命方式,即不合作。被召到委员会面前的每一个知识分子都应拒绝作证!也即准备去坐牢、倾家荡产,总之,为了他的国家的文化事业而牺牲个人幸福。
>
> ……如果足够多的人愿意采取这种重大的步骤,他们就能成功。如果不愿意,这个国家的知识分子就只配享有给他们准备好的奴隶待遇了。

这封信引起了美国各界的轰动。麦卡锡立即气急败坏地叫嚷说:"……像爱因斯坦这样的劝告,他本人就是美国的敌人。……任何美国人,我不管他的名字是爱因斯坦还是其他任何人,只要他劝告美国人把关于间谍和破坏行动的情报保密,那这个人就是一个不忠的美国人。"

但是,也有美国人此后就以爱因斯坦的信作为依据,拒绝回答调查局的问题。1953年12月5日,爱因斯坦在接受人权奖时,发表了震惊世界的"人的权利"的声明。声明说:"我所做的仅仅是这一点——在长时期内,我对社会上那些我认为是非常恶劣的情况公开发表了意见,对它们沉默会使我觉得是在犯同谋罪。"

他还说:

> 今天,当说到人权时,主要是指保护个人免遭他人或政府

的任意侵犯，工作和从工作中获得适当收入的权利，交流和教学的自由，以及个人可以恰当参与政府的工作。尽管这些权利今天得到了理论上的承认，但事实上，它们比以往任何时候都遭到更大的践踏。一些人通过狡猾地玩弄合法的花招做到了这一点。

但是，有一种人权虽然很少有人提及，但看来必定会变得非常重要，即个人有不参与他认为是错误或有害的活动的权利和义务……那些具有非凡道德力量和正义感的人们与国家机关发生了冲突。纽伦堡审判中默认如下原则：犯罪行为不能因借口是在政府命令下做出的而得到宽恕，良心这个判官应在法律的权威之上。

当前这项斗争的首要目标不仅仅是研究上和教学上的自由，还有政治信仰上和交流上的自由。由于对共产主义的恐惧而采取的一些做法，使我国遭到世界其他文明国家的嘲笑。我们对那些嗜权如命的政客还能容忍多久？他们力图制造对共产主义的恐惧气氛，以便捞取政治上的好处。有时看来，今天的人们已失去幽默感。

1954年，爱因斯坦再次抨击政府对学术自由构成的威胁。他犀利地指出：

当前对学术自由构成威胁的莫过于下列事实：政府借口所谓的我国所遭受到的外来威胁侵犯、阻碍教学自由、交流的自由、新闻报道及其他通信媒介的自由。政府造成了这样一种状况——人们唯恐失去了经济保障。结果是，越来越多的人不敢自由表达自己的想法，甚至在私下交往中也不敢。这种状况危及一个民主政府的生存。

爱因斯坦与奥本海默

1953年12月,"美国原子弹之父"罗伯特·奥本海默因为据说是一个"很差劲的安全人员",已经被禁止继续在美国原子能委员会中工作,而且不许再接触机密文件。这个消息当时没有公开。奥本海默决定与这种莫须有的罪名进行对抗,对抗的结果就是闻名世界的"奥本海默案件"。

1954年4月11日,星期日的早晨,《纽约先驱论坛报》上登出了一则消息,标题是"麦卡锡的下一个靶子:一流物理学家们"。这指的是奥本海默案件要曝光了。派斯在回忆中谈到爱因斯坦知道这一消息后的反应。

4月11日的晚上，我正在普林斯顿高等研究所中我的办公室里工作，电话铃响了，一位华盛顿的接线员要求和奥本海默博士通话。我回答说奥本海默出门了，不在本市。然后接线员又要找爱因斯坦博士。我告诉她爱因斯坦不在办公室，而他家中的电话号码是不外传的。……接线员随后告诉我，他们的人想和我说话。电话接通了美联社华盛顿分社的主任，他告诉我，星期二上午奥本海默案件将在所有的报上登出，他迫切希望尽早地听到爱因斯坦的议论。我意识到，星期二早晨默瑟街上的大乱可以用今天晚上的简短谈话来避免。因此我就说我会和爱因斯坦讨论此事，而且不论结果如何，我都会回电话。

我开车去了默瑟街并按了门铃，海伦·杜卡斯为我开了门。我对这么晚来访表示了歉意，并且说希望和教授说几句话。这时他已穿着睡衣出现在楼梯口上，并且说："什么事？"他下了楼，他的继女玛戈特也下来了。在我把来访的原因告诉他以后，爱因斯坦突然放声大笑起来。我有点吃惊，并问他什么事如此可笑。他说这问题很简单，奥本海默所要做的，只是去华盛顿，告诉官员们说他们都是傻蛋，然后就回家。

经过进一步商讨，我们认为一篇简短发言是有必要的。那篇发言是："我只能说，我对奥本海默博士抱有最大的敬意和最亲切的感情。我赞赏他，不仅把他看成一个科学家，而且看成一个有着伟大人品的人。"我们打好草稿，爱因斯坦就用电话把发言读给了华盛顿的美联社主任。

第二天，海伦·杜卡斯正在准备午饭，只见门前来了许多汽车，人们正从车上把摄影机卸下来。她穿着围裙就跑出门，向正在回家路上的爱因斯坦示警。当他来到前门口时，他拒绝和记者们谈话。

1954年5月的《原子科学家公报》上刊登了一些杰出科学家对"奥本海默案件"的论述。爱因斯坦只写了一句话："系统而广泛地破坏相互信任和建立信心的努力，就是对社会尽可能严重的打击。"

这句话，的确可以作为这场悲剧事件的最恰当的结尾。

1954年11月8日，爱因斯坦在《记者》杂志上发表了一个声明——

> 你们问我，对于你们那些有关美国科学家处境的文章有什么意见。我不想分析这个问题，而只想用一句简短的话来表达我的心情：如果我是个年轻人，并且要决定怎样去谋生，那么，我不想做什么科学家、学者或教师。为了求得在目前的环境下还可得到的那一点点独立性，我宁愿当一个管道工，或者做一个沿街叫卖的小贩。

由于爱因斯坦独特的社会地位，这篇简短而又带有几分嘲讽的声明，使得一个根本的社会政治问题成了公众注意的中心。爱因斯坦的声明在美国知识界产生了强烈影响。

《记者》杂志说，它感谢爱因斯坦的声明在公众中引起震动，因为这种震动是必要的。多数报纸由此被迫对知识分子的自由这一个问题开展讨论。有趣的是，美国"管道工联合会"因为爱因斯坦"宁愿当一个管道工"而授予了他名誉会员的称号。

也许德国纳粹、军国主义的灾难给他带来了太深、太可怕的影响，他有时对美国的民主力量有些悲观。他在1951年给比利时王后的信中写道——

> 亲爱的王后：您热情诚挚的问候使我欣慰之至，并唤醒我对往事美好的回忆。（自上一次见到王室至今的）18年艰难岁月里充满着令人痛苦的失望，但已逝若流水。所有慰藉与欢乐来自那些为数不多却依然勇往直前、坦诚正直的人们，正是有了这些人，人们才不感到自己是这个世界上举目无亲的他乡客。您就是这样一位给人以慰藉和欢乐的人。

20世纪40年代,爱因斯坦与他的秘书杜卡斯在普林斯顿的家的门前

虽然付出巨大代价后,终于证明德国人是能够被打败的,但是那些美国人却气势汹汹地取代了他们。谁能使他们恢复理性?数年前德国的祸害,如今又在重演,人民不加以抵制地默认,与邪恶的势力同流合污。谁都袖手旁观,束手无策。

对此,一位作者写道:"最后一句话,爱因斯坦还是说错了。因为麦卡锡受到了公开谴责,罪有应得,民主依然光大,生机勃勃。作为一个非本土美国人,他性情太急,低估了美国的民主。"

但是,美国人民应该永远记住爱因斯坦的警告,否则丧失民主也不是不可能的。

20/生命的终结

▶ ▶ ▶ ----------------------

关于爱因斯坦的生命中最后 10 年的日常生活，他的秘书杜卡斯在一封信中做了生动有趣的描述，她写道：

> 爱因斯坦的思想一直到他生命的最后阶段仍然十分活跃、极其机敏。然而，在这最后 10 年里，他的年龄、健康状况、研究物理学的永无休止的动力以及许多与科学无关的牵扯，都使他需要经济地利用自己的精力和时间。他尽力使日常活动简单化。爱因斯坦通常 9 点钟左右下楼吃早饭，然后读晨报。10 点半左右他步行去高等研究所，在研究所待到下午 1 点，然后步行回家。我知道有一次，一个司机忽然认出了这个沿街步行的老人，看到他面庞清秀，一顶黑色毛线帽紧紧地戴在他长长的白发上，司机惊愕之际，竟将车撞到

爱因斯坦在上班的路上

一棵树上。爱因斯坦常常在午饭后到床上躺几个小时,然后喝杯茶,做一会儿工作,处理一下信件,或接待来客,讨论一些非个人事务。他在6点半到7点半之间吃晚饭。然后他继续工作,或听收音机(他家里没有电视机),或偶然接待一下朋友。按照常规,他在11点到12点之间就寝。每到星期日的中午,他都收听史密斯的新闻分析广播。在这一小时内,他从不邀请客人。星期日下午他常常散步,或乘坐某位朋友的小汽车兜风。他很少去看戏或听音乐会,几乎不看电影。有时候,他到帕尔默实验室的物理研究生班去,我在前面提到过,这使大家肃然起敬。在最后几年中,他不再拉提琴,但每天都即兴弹奏钢琴。他也不用他那可爱的烟斗吸烟了。

在爱因斯坦的晚年生活中,我们不能不提到他与哥德尔的交往。他们两人都在中欧长大,并在那儿做出了自己最杰出的成就。他们都使用德语作为第一语言。他们在1933年秋天相识,那年哥德尔到美国讲学、访问。1940年哥德尔定居于普林斯顿,1942年他开始和爱因斯坦频繁交往,直到1955年爱因斯坦去世为止。爱因斯坦的一位朋友摩尔根斯顿在一封

爱因斯坦与哥德尔,1950年8月

信中写道:"爱因斯坦常常告诉我,他晚年不断找哥德尔作伴,为的是跟哥德尔讨论。有一回他对我说,他自己的工作不再有多大意思了,他还来研究所无非是要'享受一下与哥德尔一起散步回家的特权'。"

爱因斯坦的助手斯特劳斯回忆说——

说起普林斯顿时期的爱因斯坦,要是不提他跟库尔特·哥

德尔的真正热诚、十分亲密的友谊的话，那就没有一个故事配叫完整的。他们是很不相似的人，可是，出于某种缘故，彼此知心得不得了，彼此赏识得了不得。爱因斯坦常常提起，他总觉得他没当数学家是对的，因为，数学里头有那么大一堆有趣而诱人的问题，你可能在还没弄清楚什么是真正重要的东西的时候，就已经迷了路。在物理学中，他能够看出什么是重要问题，能够凭刚强的性格和毅力穷追下去。可是，有一回他告诉我："自从我碰到了哥德尔，我才知道数学也是这么一回事。"……有一次……他说："你知道吗？哥德尔真正疯到头了。"我说："唔，他能干什么糟糕事呢？"爱因斯坦说："他投了艾森豪威尔一票。"

哥德尔在给他的母亲写信时提到"我几乎天天见到爱因斯坦"。1948 年 7 月 12 日他在信中写道："我几乎天天见到爱因斯坦，按他的岁数，他算是很壮实的。谁也看不出他已经快 70 岁了，他自己仿佛觉得他的健康毫无问题。"

1948 年底，爱因斯坦动了手术。1949 年 2 月 26 日，哥德尔在信中写道："我在爱因斯坦术后 4 周去探望过他。除了比平日苍白，少有什么不对头的地方。当时他即将去佛罗里达，想必在那儿他会明显康复。"2 月 28 日他写道："我照常几乎天天跟爱因斯坦在一块。自从做了手术，他这一向显得格外好，又活跃得不得了。"

据哥德尔自己说，他们的谈话涉及物理学、哲学和政治等等，但他很少向人们谈起他们谈话的内容。有意思的是，1951 年 3 月 14 日，爱因斯坦本人把"爱因斯坦奖"授予哥德尔和物理学家施温格（1965 年获诺贝尔物理学奖）时，爱因斯坦对施温格说："您当然应该得到它。"对哥德尔说："您不需要它。"

1947 年以后，爱因斯坦的身体就一直不好，1947 年 1 月 27 日，他写信给薛定谔说："我变得越来越虚弱，看起来像个幽灵……经过正确

1951年3月14日，爱因斯坦向哥德尔、施温格授予"爱因斯坦奖"

的饮食调养，4周时间后我恢复了许多，长了15磅，终于有点人样子了，虚弱感也消失了。魔鬼又一次判了我死缓。"

到1948年的秋天，他的上腹部常常疼痛，而且伴随呕吐。医生诊断的结果是他的腹部有一个不大的肿块，只有葡萄那么大。外科医生建议开刀做一次检查，爱因斯坦同意了。12月31日上午8时，爱因斯坦在纽约布鲁克林一家犹太医院做了手术，结果医生在打开腹部后，发现其腹大动脉上有一个动脉瘤。如果是在今天，医生会有绝对的把握摘除它，然而那时没有这样成熟的手术，加之其他的原因，没有做摘除术。

1949年1月13日，他回到了默瑟街112号的家中。家中有他的妹妹玛雅、继女玛戈特和秘书杜卡斯。他的生活由杜卡斯照料。后来，爱因斯坦由人陪同，到佛罗里达去进行了几个星期的疗养。

3月14日,是爱因斯坦70寿辰的日子,他请秘书向媒体宣告:"爱因斯坦博士今天不做任何庆祝活动。"

3月19日,普林斯顿大学帕尔默实验室为爱因斯坦举行了座谈会。300多位科学家在普林斯顿聚集一堂,举行"爱因斯坦对当代科学的贡献"专题讨论会。与会者之一、诺贝尔物理学奖获得者、哥伦比亚大学的伊西多·拉比教授说:

> 为爱因斯坦70寿辰举行如此盛大的庆祝活动是整个科学史上绝无仅有的,因为谁能对科学做出像他那样大的贡献呢?……在他生前身后,又有谁能像他那样深入地探寻空间、时间和因果性这些最直觉性的概念呢?任何人都不曾给人类带来过如此之多的新知识和新理解……

在普林斯顿纪念爱因斯坦70寿辰

左起:罗伯森、维格纳、外尔、哥德尔、拉比、爱因斯坦、雷登伯格、奥本海默和克里门斯

也正是在爱因斯坦70寿辰之际,《在世哲学家文库》出版了论文集《阿尔伯特·爱因斯坦:哲人科学家》,收录了25篇论述他科学工作的论文。这本文集中有一篇爱因斯坦本人所写的《自述》。他在这篇文章中概述了他的科学工作的发展过程,对他的青少年生活做了十分有趣的描述,本书也先后引用过不少该文的内容。

派斯后来回忆过这次座谈会。爱因斯坦走进会场以前,300多名科学家已经落座了,彼此间低声交谈或打招呼。忽然,会场寂静得连针落地都可以听见——原来是爱因斯坦走进了会场,寂静是由于高度崇敬这位科学伟人而自发出现的,接着人们向他欢呼。派斯当时受到极大的震动。他体会到大家对爱因斯坦的某种敬畏感。泡利,这位语言最尖刻的"上帝的鞭子",当时也在场,他同样很受震动。

1949年5月28日,爱因斯坦在给索洛文的信中,对自己做了这样的总结:

> 我感到在我的工作中,没有任何一个概念会很牢靠地站得住,我也不能肯定我所走的道路是普遍正确的。当代人把我看成是一个邪教徒而同时又是一个反动派。我活得太长了,而真正的爱因斯坦早已死了。所有这些都只是短见而已,但是确实有一种不满足的心情发自我的内心,这种心情是很自然的——只要一个人是诚实的,是有批判精神的。幽默感和谦虚经常使我们保持一种平衡,即使受到外界的影响也是如此……
>
> 世间最美好的东西,莫过于有几个头脑和心地都很正直的真正的朋友,朋友之间相互了解,正如我们两人一样。

在普林斯顿,爱因斯坦和与他同住的妹妹玛雅一直生活得十分愉快、和谐。但是,当她1946年想到欧洲与她的丈夫相聚时,却不幸中了风,后来完全卧床不起,健康状况越来越糟。在她生命的最后几年,爱因斯坦几乎每天晚上都给她读过去她喜爱的书。1951年6月25日，玛雅去世了。爱因斯坦非常伤心。在玛雅去世前三年，1948年8月4日，米列娃在苏黎世去世。米列娃除了自己病痛不断，二儿子爱德华的精神分裂症也使她痛苦不堪，有时几乎超越了她的忍受能力。爱德华一直住在苏黎世的柏格尔茨利精神病医院，1965年他死于这所医院，比他父亲多活了10年。

在普林斯顿高等研究所里，自从奥本海默在1946年秋天担任所长以后，似乎更没有人注意爱因斯坦了，因为新所长和他带来的一帮年轻人都是搞量子力学研究的，因而他们大都不太关注爱因斯坦在研究什么，虽然他们对他都十分敬畏。不过，令年轻人十分吃惊的是，爱因斯坦在谈话中常常把自己比喻成上帝，例如"上帝不喜欢掷骰子"，"为上帝遗憾"，等等。

1949年12月27日，《纽约时报》再一次报道爱因斯坦关于统一场论的新进展，标题是"新的爱因斯坦理论把握了宇宙的真谛"。爱因斯坦似乎又对这个新理论充满了信心，1950年2月他曾对一位报界人士说，他的新理论"使他得到的满足，与他当年刚做出相对论所得到的满足相似"。这句话在2月15日的《纽约时报》上刊登了。

但是过了三年，在1953年3月30日的《纽约时报》上，爱因斯坦又宣称："我的1950年的新概念出现了一个有待解决的严重困难……理论中的这最后一步已经在最近几个月跨过。"

派斯对这"最后一步"发表了沉重的感想，他说："就我所知，爱因斯坦的理论成为报纸上的标题，这是最后一次。我发现，在第二次世界大

1951年生日时，伸出舌头的爱因斯坦，这张照片大约最有名气

战以后，爱因斯坦关于他的研究的这一最后陈述是让人伤心的，因为它没有什么价值。"一位年轻的未来天才盖尔曼甚至很不恭敬地说："爱因斯坦是一个愚蠢的拒绝接受量子理论的头发蓬乱的老人。"

"俱往矣，数风流人物，还看今朝！"

在爱因斯坦晚年，有一件事也是值得人们注意的，那就是他一直不肯原谅德国在二战中犯下的罪行。1948年2月8日，德国马克斯·普朗克科学促进学会正式成立，取代了战前的威廉皇帝学会，哈恩被选为首任主席。哈恩就任学会主席以后，给爱因斯坦写了一封信，希望爱因斯坦能成为学会的"国外会员"，并表示如蒙应允，将不胜荣幸之至，云云。

爱因斯坦于1949年1月28日回了一封让哈恩大失所望的信。爱因斯坦在信中写道：

> 使我感到痛苦的是，我必须对您说"不"，在那些罪恶的年代里，您是仍然保持正直不阿并且尽了自己能及之力的少数人之一，可是我还是不得不对您这样说。德国人的罪恶，真是记载在所谓文明国家的历史中的最令人深恶痛绝的罪恶。德国知识分子——作为一个集体来看——他们的行为并不见得比暴徒好多少。而且甚至到现在，我还看不出他们有任何悔改的表现，也看不出他们有真正想弥补大屠杀后果的任何愿望。鉴于这些情况，对于参加代表德国公共生活的无论哪一种活动，我都感到无可抑制的厌恶。我确信您会了解我的立场，并且会明白这件事同我始终享有的我们之间的私人关系毫不相干。

哈恩也许不知道，索末菲在8年前也碰过同样的钉子。索末菲曾希望爱因斯坦恢复与巴伐利亚科学院的交往，爱因斯坦在1940年12月14日回信给索末菲说：

> 自从德国人在欧洲到处屠杀我的犹太同胞以后，我就再也不愿意同德国人一道工作了，也不愿意同比较无辜的科学院发生关系。但少数人例外，他们在可能范围内仍然保持坚定的反纳粹的态度。得知您在这些人之中，我很高兴。

思乡，本是每一个人都有的本能，正如我国人人熟知的李白的一首诗所诉说的那样："谁家玉笛暗飞声，散入春风满洛城。此夜曲中闻折柳，何人不起故园情。"但爱因斯坦因为决不原谅纳粹和"德国人的罪恶"，不仅从此再未踏上德国国土一步，而且不愿和任何与德国有关的机构发生任何联系，他甚至不准德国的出版社再出版他的书。当德国一家出版社准备再版他的《狭义与广义相对论浅说》一书时，他于1947年3月25日通知该出版社说：

> 自从德国人对我的犹太同胞进行大规模屠杀后，我不希望我的任何出版物再在德国出现。

1953年9月21日，哥德尔在给他妈妈的信中高兴地写道："爱因斯坦很好，今年夏天他觉得尤其好。但无论如何，现在到研究所的那段路来去都步行，他是吃不消的，那总共要花一小时左右，所以他现在改为只步行一趟。"

但是过了一年，到1954年秋天，爱因斯坦又病倒了，有好几个星期他都卧床不起。到这年的年底，他感觉好了一点。

1954年12月，派斯离开普林斯顿，最后一次见到爱因斯坦，他曾生动回忆向爱因斯坦告别的情形：

> 我最后一次看见爱因斯坦是在1954年12月。那时候，他的身体已经不太好，有好几个星期没有到研究所去了。以往，爱因斯坦每天上午总要在研究所待上几个小时。我拜访了

海伦·杜卡斯，请她向爱因斯坦教授转达我的问候，因为我要离开普林斯顿一学期。她建议我到家里来小坐片刻，喝杯茶。我当然很乐意地接受了。我进门以后就上楼去，敲了敲爱因斯坦书房的门。"进来。"这是他那温和的声音。我进屋时，他坐在扶手椅里，毯子裹着膝盖，毯子上面放着一个本子——他在工作！他看见我，便立即把本子放在一旁，向我问候。我们在一起愉快地度

爱因斯坦正背着我们走向终极之路

过了大约半小时。我已经记不起讨论了些什么。然后，我告诉他，我下学期将离开普林斯顿。我们握了握手，然后我说了声再见，走到书房门口，这只不过四五步远。可当我打开门转过身来看他的时候，只见本子又回到他的腿上，他手里拿着铅笔，忘记了周围的一切。他又坐在椅子里开始工作了。

到1955年年初，爱因斯坦又恢复正常工作。

1955年1月2日，他写信给比利时王后，感谢她的问候。电报中写道：

当我注视今天的人类时，没有什么能比人类对政治事件的健忘症更让我吃惊的了。昨天还是纽伦堡审判，今天却已是在竭尽全力重新武装德国……

2月5日，他给一位英国朋友写了一封信，信中说：

> 上了岁数以后，死就是一种解脱。既然我已届耄耋之年，我非常强烈地感受到了这一点，并且逐渐把死看作是一笔终将还清的债务。

2月27日，他给好友索洛文写了一封信：

> 医疗技术使我战胜了疾病。我的身体功能基本上正常，只是大脑变得越来越迟钝了。我们必须承认，魔鬼正在清楚地计算着时间。

3月2日，爱因斯坦给玻尔写了一封信，信的开头十分风趣，很难看出这是一个正在死亡边缘挣扎的人。信中写道：

> 不要皱眉头！这封信与我们过去的物理论战无关，而与我们想法完全一致的一件事有关。罗素最近写给我一封信，现随信附上该信的附件，他在设法召集一些有国际名望的学者，他们将联合向所有国家和政府发表一项声明，对原子武器和军备竞赛造成的危急形势发出警告。

3月11日，在他76岁生日的前3天，他给比利时王后去了最后一封信，信中谈到人们对他的评价，他写道："我必须承认，我为人们对我一生的工作做出夸大评价感到不安。我感到不得不把自己看成是一个不自觉的骗子。倘若人们这样做，只会把事情弄糟。"

3月18日，爱因斯坦在遗嘱上签了字，指定秘书杜卡斯和柏林时期的朋友内森为他的遗嘱执行人，他所有的手稿在杜卡斯和内森去世后，统统由希伯来大学保管；他的书全部送给杜卡斯；小提琴送给孙子凯泽。

爱因斯坦的长孙伯纳德·凯泽和爱因斯坦纪念馆馆长布尔基教授

第二天，爱因斯坦给劳厄回了一封信，劳厄是爱因斯坦真正亲近的少数几个德国物理学家中的一个。他在信中最后一次谈到自己和原子弹制造的关系：

> 我在原子弹制造和给罗斯福写信等事上的所作所为仅仅在于：由于当时存在着希特勒可能首先拥有原子弹的危险，我在西拉德起草的给罗斯福总统的信上签了名。倘若我知道这种担心是没道理的，我本不会（未必有西拉德那么起劲）参与打开这个潘多拉的盒子的，因为我对政府的不信任不仅仅限于德国政府。

爱因斯坦的长子汉斯·爱因斯坦，他曾是加利福尼亚大学伯克利分校水利工程学教授。他研究出举世闻名的沙波泥沙运动公式

4月5日，罗素写了最后一封信给爱因斯坦，把一份声明寄给爱因斯坦签字。爱因斯坦在4月11日写了回信。

两天后的4月13日下午，爱因斯坦的动脉瘤破裂。医生建议做手术，爱因斯坦拒绝手术，他说："当我将要死去的时候，就让我死去好了。人工延长的生命是毫无意义的。"

4月15日，人们不得不将他送进普林斯顿医院。他的大儿子汉斯从加利福尼亚大学伯克利分校赶来，内森也从纽约赶来。

4月17日是星期天，他的状况好转了一点。他要求把他的关于统一场论中一项还没有完成的计算的稿纸拿来，他想继续算下去；还让人们把一篇为以色列同胞演讲的演讲稿拿来，他要完成它……4月18日凌晨 1 点 15 分，他突然变得烦躁不安，讲了几句德语，但值夜班的护士不懂，然后他就去世了。眼镜还放在他的枕边。

正如他对比利时王后所说，科学研究的"令人痴迷的魔力"，一直持续到他生命最后的时刻。就这一点来说，爱因斯坦是何等的幸福啊！

在爱因斯坦生命快终结的 4 月 10 日，哥德尔在信中告诉妈妈："爱因斯坦仍然还好。"但 4 月 18 日，爱因斯坦去世了。4 月 25 日，哥德尔在信中心情沉重地写道：

> 爱因斯坦的死对于我当然是一个大打击，因为我根本没料到。最后那几个星期，爱因斯坦恰恰给人健壮极了的印象。他和我用半小时往研究所走、用半小时往回走的时候，一点没有像先前好几回那样显出疲倦的迹象。确实，从纯私人角度说，由于他的死，我也失去了很多，尤其因为最后那些日子里他待我比先前任何时候还要好，我感觉到他想比以往更友善。无可否认，在私人问题上，他有非常多的话憋在自己心里。

4 月 18 日下午，几位亲密朋友和亲人聚集火葬场，举行了一个极为简单的追悼会。内森做了简短的讲话，并且朗诵了歌德在席勒去世时为他写的悼诗《〈席勒大钟歌〉跋》的结尾几句：

> 他就这样，离开我们去了！
> 就在好多年前，已经有十年。
> 我们大家都感到获益不少，
> 世人感激他赐予的一切教言；
> 那些只属于他自己的思考，
> 早已在全体之中扩展蔓延。
> 他照耀我们，就像消逝的彗星，

以自己的光结合永久的光明。①

按照爱因斯坦的遗愿,他的骨灰被撒在了一个没有向外界透露的地方。

爱因斯坦曾经说过:"上帝是微妙的,但上帝没有恶意。"

的确,上帝是微妙的,谁想获得他的奥秘必须付出极大的代价;但上帝的确没有恶意,对于像爱因斯坦这样"痴迷"的人,他很宽容:让爱因斯坦越过他的肩膀,窥见了他身后的一些秘密。

上帝是微妙的,但上帝没有恶意

---

① 本诗译文引自《歌德诗集》(下),钱春绮译,上海译文出版社,1982年,127-128页。